RAINER FATTMANN · JOCHEN FABER

Hütet die Einheit
wie euren Augapfel!

Der Deutsche Metallarbeiter-Verband im Südwesten
und die Zerschlagung der Gewerkschaften
in Baden und Württemberg 1933

Impressum:

Herausgegeben von der
IG Metall Baden-Württemberg
Stuttgarter Straße 23
70469 Stuttgart

www.bw.igm.de

v. i. S. d. P. Bezirksleiter Jörg Hofmann
Gesamtredaktion: Kai Bliesener
Redaktionsassistenz: Karin Schneider

Autor S. 11–59: Dr. Rainer Fattmann
Autor S. 60–120, wenn nicht anders angegeben: Jochen Faber (jof)

Gestaltung: INFO & IDEE, Ludwigsburg · www.abenteuer-unserer-zeit.de

Erschienen im INFO & IDEE MedienVerlag, Ludwigsburg · April 2013
ISBN: 978-3-931112-32-5

Umschlagbild: Gewerkschaftshaus Reutlingen 1945 –
nach dem von den Nazis angezettelten Krieg

EINFÜHRUNG

Liebe Kolleginnen, liebe Kollegen,

der 2. Mai 1933 stellt eine Zäsur für die deutsche Gewerkschaftsbewegung dar. An diesem historischen Datum stürmten die Nationalsozialisten im ganzen Land die Gewerkschaftshäuser. Ziel der Nazis war, den Allgemeinen Deutschen Gewerkschaftsbund (ADGB) samt seiner Einzelgewerkschaften zu zerschlagen. Noch am Vortag hatte die NSDAP den 1. Mai als „nationalen Tag der Arbeit" inszeniert und wollte so die Arbeiterschaft für sich gewinnen. Einen Tag später drangen dann die Rollkommandos von SA und SS die Gewerkschaftshäuser im ganzen Deutschen Reich ein, auch in Württemberg und Baden.

80 Jahre später ist der 2. Mai 2013 ein Gedenktag für alle der Demokratie verpflichteten Kräfte. Er ist mahnende Erinnerung und Aufforderung zugleich, sich für die Einheit der Gewerkschaftsbewegung und die Freiheit gewerkschaftlicher Betätigung im Betrieb und in der Gesellschaft einzusetzen.

Dies ist keine Selbstverständlichkeit. Auch heute werden noch in vielen Ländern der Welt Gewerkschafter und Gewerkschafterinnen verfolgt, eingesperrt und ermordet, ist freie gewerkschaftliche Betätigung versagt oder mit Repression belegt.

*Jörg Hofmann –
Bezirksleiter
der IG Metall
Baden-Württemberg*

Mit dem vorliegenden Band „Hütet die Einheit wie euren Augapfel!" wollen wir die Geschehnisse des 2. Mai 1933 im Südwesten Deutschlands aus Sicht des Deutschen Metallarbeiterverbandes (DMV) ein Stück aufarbeiten. Hierzu beschreibt der Historiker Rainer Fattmann die politischen Entwicklungen, die in der Folge des Ersten Weltkriegs zur Machtergreifung Hitlers geführt und die junge Demokratie der Weimarer Republik zerstört haben. Das ist notwendig, um die Zusammenhänge erkennen und verstehen zu können. Der zweite Schwerpunkt beschreibt beispielhaft aus ganz unterschiedlichen lokalen Blickwinkeln, mit welcher Konsequenz, Gewalt und Brutalität die Schergen der SS und SA – auch – gegen Gewerkschafterinnen und Gewerkschafter vorgegangen sind.

Die Geschichte lehrt uns, wachsam zu sein und Zeichen zu setzen – ein deutliches Zeichen gegen das Vergessen können wir sicherlich setzen, wenn diese Publikation vielfach gelesen und diskutiert wird.

Mit kollegialem Gruß

Jörg Hofmann

INHALT

**I. Baden und Württemberg in der Weimarer Republik:
Grundzüge der politischen und wirtschaftlichen Entwicklung** 11

Novemberrevolution 12

Die politische Entwicklung bis in die frühen 1930er Jahre 14

Weltwirtschaftskrise und Arbeitslosigkeit 17

**II. Der Deutsche Metallarbeiter-Verband
und die Gewerkschaftsbewegung in Baden und Württemberg** 19

Struktur und Mitgliederbewegung des DMV 21

Linksschwenk des DMV 24

Handlungsspielräume und Handlungsfelder
der Gewerkschaften in der Weimarer Republik 24

Erfolgreicher Generalstreik gegen den Kapp-Putsch 26

Der Kampf um den Achtstundentag 27

„Ruhrkampf" und Hyperinflation 28

Goldene Jahre? 29

Die Gewerkschaften und der DMV in der Weltwirtschaftskrise 30

III. Aufstieg und Machtübernahme der NSDAP im deutschen Südwesten 31

IV. „Sichert die Wahlen": Die gelähmte Arbeiterbewegung 33

Die Spaltung im Lager der Gewerkschaften 33

Appelle statt Aktionen 35

Eiserne Front 36

Auf dem Weg zum 30. Januar 1933 38

Der Reichstagsbrand, die Reichstagswahl vom 5. März 1933
und das „Ermächtigungsgesetz" 39

Die „Gleichschaltung" in Baden und Württemberg 43

**V. Die Unterdrückung der Arbeiterbewegung in Baden und Württemberg
und die Zerschlagung der Gewerkschaften am 2. Mai 1933** 44

Versuche der Organisationsrettung
durch taktische Anpassungsbereitschaft 45

**VI. Verfolgung und Widerstand
der Arbeiterbewegung
gegen das NS-Regime im Südwesten** 48

Systematisierung des Terrors: Konzentrationslager in Baden und Württemberg 49

Verfolgung, Schutzhaft, Mord 50

Ludwig Marum – gebildet, links, jüdischer Herkunft 51

INHALT

Metall-Gewerkschafter Georg Zischer – gefoltert bis in den Tod 52
Gustav Schulenburg – Tod im Konzentrationslager 52
Widerstand in der totalitären Diktatur: 1933-1936 53
Beispiele für Widerstand und Verfolgung: Johann (Hans) Brümmer 54
Beispiele für Widerstand und Verfolgung: Willi Bleicher 55
Widerstand in der totalitären Diktatur: Nach 1936 57
Tausende leisteten Widerstand 59

Geschichte vor Ort
Eindrücke aus Stadt und Land: Saalschlachten und Solidarität 60
Gewerkschafter Opfer der Verhaftungswelle 62
Hans Schaudt aus Ebingen – durch Willkür im KZ 65
Freiburger Gewerkschafter im Gemeinderat – verhaftet und verfolgt 66
Freiburger Gewerkschaftshaus – überfallen, durchsucht, beschlagnahmt 67
Nazi-Handbuch für den Staatsstreich von innen 68
Schwieriger Weg zum zivilen, zivilisierten Leben 70
Ich hab die Freiheit in Heidelberg verloren 72
Verbotene Flugblätter und Hinrichtungen auf dem Firmengelände 74
„Man hat auf die Wahlen gesetzt" – Erinnerungen eines Gewerkschafters 75
Heidenheimer Gewerkschafter in Haft, Vermögen einKassiert 76
Lang gehalten und doch gefallen: Gewerkschaften in Heilbronn 80
 Arbeitsbedingungen im Nazi-Staat 82
Leopold Rückert – Metaller, Minister, ermordet 84
Ein Jahr Gefängnis für Metall-Gewerkschafter, weil er eine Zeitung besaß 86
Nicht immer eine Heldengeschichte 88
Manchmal sind keine Nachrichten gute Nachrichten – vielleicht... 89
Ab dem 4. April 1933: Widerstand ohne Chance auf größere Wirksamkeit 90
Nürtinger Metall-Gewerkschafter 97
Gewerkschafter in Lörrach: kriminalisiert und eingesperrt 98
Hochverrat durch Zeitunglesen – Die Anklage gegen Karl Eichhorn 100
Widerrechtliche Besetzung in drei Anläufen 106
Schramberg – rote Hochburg im schwarzen Wald 110
Die „große Zeit" im Kleinen erlebt: Menschen aus Schwäbisch Hall berichten 113

INHALT

Der Stern und das Hakenkreuz strahlten sich gegenseitig an 116
Große Inszenierung der Machthaber, kleine Formen des Widerstands 118
Der frühe Tod des Friedrich Elsässer.. 120
Das Stuttgarter Gewerkschaftshaus... 121
Arbeiter in Uniform... 124
Gemeinsamkeit in der „Hochburg des Gewerkschaftsgedankens".......................... 126
Das Zuhause der Gewerkschafter in Herzen von Ulm.. 128
Ganz vom Anfang an – Beispiel Waiblingen 131
Der Metall-Gewerkschafter, der den Nazis zu intelligent war 133
Dramatische Ereignisse im Volkshaus 135
Abkürzungen... 137
Quellen und Auswahlliteratur 138
Bildnachweise 142

BLICK ZURÜCK:
HISTORISCHE
DOKUMENTE

Man schrieb das Jahr 1932. Die politische Arbeiterbewegung, ideologisch in sich zerstritten, organisatorisch zerrissen, sich gegenseitig bekämpfend, so stand sie dem ihr gemeinsamen Gegner – dem Faschismus – gegenüber. Millionen von Arbeitslosen, von Dauer-Arbeitslosen – ich war einer von ihnen, es ging bereits ins vierte Jahr meiner Arbeitslosigkeit. Ich nahm gleich anderen an Arbeitslosenversammlungen teil, die sowohl von der KPD, SPD und auch von den Gewerkschaften für ihre arbeitslosen Mitglieder organisiert waren. Man proklamierte hier wie in allen anderen parteipolitischen Kundgebungen den entschlossenen Kampf gegen das kapitalistische System als Verursacher dieses Massenelends und insbesondere den Kampf gegen den Faschismus.

Vom gemeinsamen Kampf der politischen Arbeiterbewegung war nichts zu spüren, der gemeinsame Gegner Faschismus wurde bezüglich seiner Rolle und Funktion im Rahmen einer kapitalistischen Wirtschafts- und Gesellschaftsordnung, die sich zum damaligen Zeitpunkt in einer ihrer tiefsten Krisen befand, nicht erkannt. Die einen meinten, Deutschland wäre nicht Italien, und was einem Mussolini in Italien gelang, würde Hitler in Deutschland nicht möglich sein, und die anderen vermuteten, dass, wenn der Faschismus zur Macht käme in Deutschland, dann drei Meter unter dem Boden.

So taumelte diese politische Arbeiterbewegung in das Jahr 1933, ihre letzte historische Chance zur Niederwerfung des Faschismus im Juli 1932 verpassend. Die preußische Regierung wurde von einem Polizeileutnant und drei Polizisten durch Papen aus Amt und Würde verjagt; anstelle des Einsatzes der preußischen Polizei in Verbindung außerparlamentarischer Aktionen analog der Erfahrung des Kapp-Putsches wurde eine Klage beim Reichsgerichtshof anhängig gemacht. Man vergaß die bereits von Lassalle ausgesprochene Erkenntnis, dass Rechtsfragen Machtfragen sind.

So konnte es geschehen, dass der Faschismus mit Hilfe der in der Weimarer Verfassung verankerten Notverordnung legal zur Macht kam. Kein Aufbäumen der politischen Arbeiterbewegung in ihrer Gesamtheit. Die KPD wurde verboten, ihr folgte alsbald die SPD, und den Gewerkschaften nützte auch ihre Kapitulation nichts – am 2. Mai 1933 wurden sie verboten.

BLICK ZURÜCK: HISTORISCHE DOKUMENTE

Zehntausende der in der politischen und gewerkschaftlichen Arbeiterbewegung Engagierten wurden verhaftet, in Zuchthäuser, Gefängnisse, Konzentrationslager geworfen, und weitere Tausende entzogen sich ihrer Verhaftung durch die Emigration.

Auch ich war einer von ihnen. Nachdem ich zwei Monate nach dem 30. Januar 1933 in Stuttgart illegal mich aufhielt und politisch gegen den Faschismus arbeitete, hektographierte Flugblätter gegen den Faschismus herstellte, einen Verteilerapparat aufbaute, Nacht für Nacht hier bei einem Arbeitersportler, dort bei einem Naturfreund oder Freidenker oder Gewerkschaftler übernachtend, legte man mir nahe, jetzt in die Emigration überzuwechseln.

Wer vermag sich noch in meine damalige Situation hineinzudenken? Ich gehörte der KPO an, einer kleinen Gruppe, die schon in ihrer Legalität über keine finanziellen Mittel verfügte, geschweige denn in der Illegalität. Ich lebte gleichsam von der Solidarität der Arbeitslosen, die längst ausgesteuert waren. Von diesem 50 Pfennig, von anderen 20 Pfennig, das waren große Opfer. Mahlzeiten habe ich selten eingenommen, es sei denn, ich bekam ein Stück Brot, manchmal auch ein Stück Wurst an einer Krankenhauspforte.

Oft schlief ich in Gärten, immer in der Furcht, dem Besitzer oder einem Feldhüter in die Hände zu geraten. Zu dieser meiner materiellen Not kam die politische Trostlosigkeit jener Tage. In den damaligen Arbeitervierteln Stuttgarts und überall hingen die Hakenkreuzfahnen aus den Häusern, gleichsam manifestierend, dass man jetzt auch einer der ihrigen sei. Man registrierte, dass dieser oder jener Genosse, Gewerkschaftler, Arbeitersportler, mit dem man jahrelang zusammengearbeitet hatte, befreundet war, zu den Nazis überwechselte.

Man musste zur Kenntnis nehmen, dass eine Gruppe hochgegangen und verhaftet, dass dieser oder jener, den man gekannt, erschlagen oder auf der Flucht erschossen wurde. Oh, wie grausam gründlich, brutal im Blute watend, korrigierte der Faschismus die Schwächen, Halbheiten, Fehler der politischen Arbeiterbewegung.

Willi Bleicher[1]
als junger Mann aktiv im Widerstand gegen das NS-Regime, Häftling unter anderem im Konzentrationslager Buchenwald, von 1959 bis 1972 Bezirksleiter der IG Metall in Baden-Württemberg – er forderte als Konsequenz aus der politischen Zersplitterung der Nazi-Gegner, stets die Einheit der Beschäftigten zu hüten „wie euren Augapfel"

---

1 Willi Bleicher, Stationen des Kampfes, in:
Die Kinder des roten Großvaters erzählen, Frankfurt am Main 1976

I.
Baden und Württemberg in der Weimarer Republik: Grundzüge der politischen und wirtschaftlichen Entwicklung

Sowohl im Königreich Württemberg wie im Großherzogtum Baden hatte sich bereits im Kaiserreich eine politische Kultur herausgebildet, die sich von den Verhältnissen in Preußen und den übrigen Reichsgebieten deutlich unterschied. Die 1904 in Baden und 1906 in Württemberg auf den Weg gebrachten Verfassungsreformen führten das politische System beider Südweststaaten bereits sehr nahe an den Typus eines konstitutionell verfassten parlamentarischen Regierungssystems heran. Die badischen Großherzöge Friedrich I. und Friedrich II. und der württembergische König Wilhelm II. achteten die parlamentarischen Mehrheiten und übten ihre Funktion ohne das schneidige Pathos und den militaristischen Pomp aus, mit dem der unselige deutsche Kaiser seinen Hofstaat und seine Untertanen zu beeindrucken trachtete.[1]

Angesichts des relativ liberalen politischen Klimas boten sich der Arbeiterbewegung im deutschen Südwesten bessere Entfaltungsmöglichkeiten als anderswo im Deutschen Reich. In Stuttgart tagte im August 1907 der Internationale Sozialistenkongress, ein europaweit beachtetes politisches Großereignis, auf dem ungehindert von den Behörden der Kampf der Arbeiterklasse gegen Krieg und Militarismus beschworen wurde. Überhaupt entwickelte sich die Stadt zu einem Zentrum der Arbeiterbewegung: Hier nahm der Deutsche Metallarbeiter-Ver-

---

1 Vgl. Reinhold Weber/Hans-Georg Wehling, Geschichte Baden-Württembergs, München 2007, S. 78f.

Stuttgart als Zentrum fortschrittlicher politischer Diskussionen:
Hier entwickelten und publizierten Karl Kautsky und Clara Zetkin Konzepte und Forderungen.

band 1891 seinen Sitz, hier erschien die von Clara Zetkin redigierte „Gleichheit", das „Zentralorgan der sozialistischen Frauenbewegung, ebenso wie „Die Neue Zeit", herausgegeben von Karl Kautsky, sowie die Schriften fast aller sozialistischen/sozialdemokratischen Theoretiker von Rang.

Novemberrevolution

Der Verlauf der Novemberrevolution im deutschen Südwesten machte deutlich, dass die Schranken zwischen den verschiedenen politischen Gruppen und Milieus hier tatsächlich weniger ausgeprägt waren als im übrigen Deutschland. Die gekrönten Häupter beider Länder mussten sich nicht wie der deutsche Kaiser fluchtartig ins Ausland absetzen; Wilhelm II. zog sich unbehelligt nach Schloss Bebenhausen zurück, Friedrich II. zunächst nach Zwingenberg am Neckar.

Insgesamt ging die „Staatsumwälzung" in beiden Südweststaaten wesentlich ruhiger, insbesondere wesentlich unblutiger über die Bühne als in anderen Teilen des Reiches. In Mannheim und besonders in Stuttgart kam es zwar zu wiederholt aufflackernden Protesten revolutionärer Arbeiter, die von der Regierung rigoros und auch mithilfe irregulärer Truppen unterdrückt wurden und Tote und Verletzte forderten. Allerdings waren dies im Rückblick betrachtet doch eher zeitlich und lokal eingegrenzte Konflikte mit einer begrenzten Zahl beteiligter Kontrahenten.[2] Bürgerkriegsähnliche Unruhen wie in Berlin, wo besonders die Ermordung Rosa Luxemburgs und Karl Liebknechts im Zusammenhang mit dem mit äußerster Brutalität niederge-

---

2 Zu den revolutionären Unruhen in Stuttgart, in denen die Arbeiter der Daimler-Werke in Untertürkheim und Sindelfingen eine maßgebliche Rolle spielten, vgl. Rainer Fattmann, 125 Jahre Arbeit und Leben in den Werken von Daimler und Benz, Stuttgart 2011, S. 48–55.

schlagenen sogenannten „Spartakus-Aufstand" die politische Stimmung innerhalb der Arbeiterschaft tiefgreifend radikalisierte, blieben den Menschen in Baden gänzlich und in Württemberg weitgehend erspart.[3]

Stattdessen bildeten sich schnell, begünstigt durch die schon zuvor eingeübten Formen der politischen Zusammenarbeit, provisorische Regierungen aus Vertretern der Sozialdemokratie und der bürgerlichen Parteien unter Ausschluss der Rechtskonservativen. In beiden Ländern stellten Sozialdemokraten die ersten Ministerpräsidenten nach der Revolution (Anton Geiß in Baden und Wilhelm Blos in Württemberg).

Wie im ganzen Reich hatte auch in Baden und Württemberg in der SPD der Streit um die Kriegspolitik und die im Kriegsverlauf immer stärker werdende Kritik an der von der Parteiführung verfochtenen Politik des Burgfriedens zuvor zur Abspaltung der Unabhängigen Sozialdemokratischen Partei (USPD) geführt. Der USPD schlossen sich zunächst die im Spartakusbund versammelten Linkssozialisten um Luxemburg und Liebknecht an. Eine neuerliche Abspaltung linksrevolutionärer Gruppen von der USPD mündete dann am 30. Dezember 1919 in der Gründung der KPD.[4] Sie verstand sich als die revolutionäre Alternative zur SPD mit dem Ziel sozialistischer Produktionsverhältnisse. Den nur als „formale" Demokratie abqualifizierten Parlamentarismus wollte die KPD durch eine Rätedemokratie ersetzen.

Engagierte Männer waren bereit, Verantwortung für die Zukunft Badens zu übernehmen.

Im Januar 1919 wurden in beiden Ländern Landesversammlungen gewählt, erstmals unter Beteiligung der Frauen. In Baden kam die „Weimarer Koalition" aus SPD, katholischem Zentrum und liberaler Deutscher Demokratischer Partei (DDP) auf rekordverdächtige 91,5 Prozent der Stimmen, in Württemberg immerhin auf 80,2 Prozent. Die Arbeiter- und Soldatenräte, die nach der Novemberrevolution auch in Baden und Württemberg zunächst lokal, dann auch auf Landesebene Verwaltungs- und Kontrollfunktionen übernommen hatten und insbesondere bei der Demobilisierung des

---

3 Vgl. Weber/Wehling, Geschichte Baden-Württembergs, S. 82ff; Thomas Schnabel, Geschichte von Baden und Württemberg 1900–1952, Stuttgart 2000, S. 85ff.

4 Die politische Zusammensetzung der USPD war höchst heterogen. Die Spannweite reichte von linkssozialistischen Anhängern einer Diktatur des Proletariats bis hin zu pazifistisch-humanistisch geprägten „Revisionisten" wie Eduard Bernstein, der in der alten Gesamt-SPD ein prominenter Vordenker des „rechten" Parteiflügels gewesen war. Einigkeit bestand nur in der Ablehnung des Kriegs und der Verweigerung der Kriegskredite. In der Folgezeit spaltete sich die USPD: während ihr rechter Flügel zur SPD zurückkehrte, schloss sich der linke überwiegend der KPD an.

Es gehrt auch demokratisch! Die verfassungsgebende Landesversammlung Württembergs 1919

Millionenheers der Kriegsrückkehrer und der Aufrechterhaltung der Nahrungsmittelversorgung eine wichtige Rolle gespielt hatten, traten nun wieder in den Hintergrund.

Die Landesversammlungen verabschiedeten frühzeitig und weitgehend im Konsens demokratisch-republikanische Landesverfassungen. Die Verfassung der „Republik Baden" – das Land Württemberg bezeichnete sich nun als „freier Volksstaat" – wurde dabei am 13. April 1919 durch die erste Volksabstimmung in der deutschen Geschichte mit großer Mehrheit angenommen.

Die Einführung parlamentarisch-demokratischer Zustände war somit insgesamt zu Beginn der Weimarer Republik „kein Fremdkörper im Südwesten, sondern ein politisches System, das von einer breiten Mehrheit der Bevölkerung befürwortet wurde."[5]

Die politische Entwicklung bis in die frühen 1930er-Jahre

Vergleicht man die politische Entwicklung der beiden Südweststaaten mit den Verhältnissen auf der Ebene des Reiches, so zeichnete sich diese durch ein verhältnismäßig hohes Maß an politischer Kontinuität und auch Stabilität aus. In Baden regierte bis zum Dezember 1932 eine Koalition aus Zentrum und SPD, bis letztere im Streit um den vom Zentrum gewünschten Staatskirchenvertrag in die Opposition ging. In den vier Landtagswahlen bis 1929 reichte es für beide Parteien zusammen stets zur Mehrheit der Mandate, doch wurden die verschiedenen Koalitionen häufig durch Minister aus anderen Parteien ergänzt, meist von der in Baden zunächst sehr starken DDP, aber auch von der eher rechtsliberalen Deutschen Volkspartei (DVP). Das Beispiel Adam Remmeles – der Gewerkschafter und Sozialdemokrat entwickelte sich zu einem der führenden Politiker seines Landes – zeigte, dass nunmehr auch in Baden Kinder aus einfachen Verhältnissen in höchste politische Ämter aufsteigen konnten.[6]

Adam Remmele, gelernter Müller, wurde Vorsitzender des Gewerkschaftskartells in Ludwigshafen und später Minister und Staatspräsident von Baden.

---

5   Schnabel, Geschichte von Baden und Württemberg 1900-1952, S. 91.
6   Der Sohn eines Müllers beteiligte sich 1918/19 aktiv an der Rätebewegung in Baden und wurde 1919 Vizepräsident der Badischen Nationalversammlung. Von 1919 bis 1929 war er Innenminister des Landes, 1925/26 auch Minister für Kultur, von 1929 bis 1931 war er gleichzeitig zuständig für Kultur und Justiz. Vgl. Günter Wimmer, Adam Remmele. Ein Leben für die soziale Demokratie, Ubstadt-Weiher 2009.

Ebenfalls stabil, doch deutlich konservativer als im westlichen Nachbarland, gestaltete sich die politische Entwicklung in Württemberg. Die SPD stand für einen dezidiert pragmatischen und reformorientierten, in ihrer Mehrheit betont staatsloyalen Kurs. Schon 1915 kam es zur Abspaltung ihres linken Flügels um den Landtagsabgeordneten Friedrich Westmeyer, was die konservative Einfärbung der württembergischen (Mehrheits-) Sozialdemokratie noch verstärkte.[7] Dennoch kam hier – anders als in Baden – eine Zusammenarbeit mit den bürgerlichen Parteien nur in den ersten Nachkriegsjahren zustande. Ab 1924 wurde das Land von einer Koalition aus Zentrum, Bauernbund und Bürgerpartei regiert – dem im Vergleich zur Mutterpartei etwas gemäßigteren Ableger der letztlich antiparlamentarischen und reaktionären Deutschnationalen Volkspartei (DNVP). Als einziges größeres deutsches Land hatte Württemberg von 1924 bis 1928 mit Wilhelm Bazille einen deutschnationalen Regierungschef.

Sein Nachfolger wurde Eugen Bolz vom Zentrum, klerikal und konservativ geprägt war auch er kein vielversprechender Ansprechpartner für einen Pakt mit der SPD. Nach den Landtagswahlen vom April 1932 war seine Regierung nur noch geschäftsführend im Amt.[8]

Was selbst im „demokratischen Musterländle" Baden in den kurzen Jahren der Weimarer Republik nur unzureichend und allenfalls ansatzweise gelang, war der Umbau und die überfällige Demokratisierung des Justizapparats. Die Richterschaft blieb eine sozial isolierte Kaste, die sich lediglich auf die Umsturzgefahr von links konzentrierte, der größeren Gefahr durch Rechtsextremisten jedoch mit komplizenhafter Zurückhaltung begegnete.

Die Mörder das württembergischen Zentrumspolitkers Matthias Erzberger beispielsweise wurden zwar schnell ermittelt, aber nicht festgenommen. Erzberger hatte als Reichsfinanzminister maßgeblichen Anteil an

---

7 Vorausgegangen waren Auseinandersetzungen um die „Schwäbische Tagwacht", der einflussreichsten SPD-Parteizeitung im deutschen Südwesten. Die „Tagwacht" hatte sich auch nach Kriegsbeginn nicht von ihrem kriegskritischen und antimilitaristischen Kurs abbringen lassen, woraufhin der württembergische SPD-Landesvorstand den Landtagsabgeordneten Wilhelm Kreil als Chefredakteur bestellte, um das Blatt auf Kriegskurs zu bringen. Die linkssozialistischen Redakteure, darunter Jacob Walcher und Arthur Crispien, wurden entlassen.

8 Vgl. Weber/Wehling, Geschichte Baden-Württembergs, S. 82ff; Schnabel, Geschichte von Baden und Württemberg, S. 85ff.
Nach der nationalsozialistischen Machtübernahme wurde Bolz für mehrere Monate auf dem Hohenasperg inhaftiert. Später knüpfte er Kontakte zum konservativen Widerstand um Carl Goerdeler. Nach dem missglückten Attentat auf Hitler am 20. Juli 1944 wurde er erneut verhaftet und am 23. Januar 1945 in Berlin-Plötzensee erhängt.

der Stabilisierung der Währung nach der Hyperinflation und war den Rechtsextremen verhasst, weil er nach dem Krieg die Verantwortung auf sich genommen hatte, das Waffenstillstandsabkommen von Compiègne zu unterzeichnen. Seine Mörder flohen aus Deutschland, kamen im Dritten Reich zurück und wurden in der neu gegründeten Bundesrepublik zwar zu hohen Freiheitsstrafen verurteilt, nach kurzer Zeit aber wieder entlassen.[9]

Während sich die politische Lage besonders in Baden fast bis zum Ende als stabil und die Regierungen als handlungsfähig erwies, war die wirtschaftliche Entwicklung durch eine zermürbende Aneinanderreihung von Krisen und Problemen gekennzeichnet, die nur von kurzen Erholungsphasen unterbrochen wurde. Der von Politikern aller Richtungen in seltener Einhelligkeit abgelehnte Versailler Vertrag mit seinen exorbitant hohen Reparationslasten lähmte die Wirtschaft; diese konnten von der deutschen Außenpolitik nur schrittweise und im Konsens mit den Alliierten abgemildert werden, eine Politik, die den verantwortlichen Demokraten von rechts den Vorwurf des Vaterlandverrats und von links den Vorwurf des Verrats der Arbeiterklasse an den „Ententekapitalismus"[10] einbrachte.

Besonders hart von den Versailler Friedensbedingungen betroffen wurde das Grenzland Baden, „weil die entmilitarisierte Zone entlang des Rheins Unternehmen abwandern ließ und Neuinvestitionen hemmte."[11] Zugleich fiel das benachbarte Elsass-Lothringen, das von Deutschland nach dem deutsch-französischen Krieg von 1870/71 gegen den Willen der Bevölkerung annektiert worden war, wieder an Frankreich zurück.

In den Jahren 1922/23 steigerte sich die schon in der Kriegszeit zu beobachtende Geldentwertung ins Groteske. Unter dem Druck der Inflation rutschten die ohnehin bescheidenen Löhne der Nachkriegsjahre noch einmal ab. Die Hyperinflation traf auch die Gewerkschaften ins Mark. Und als im Januar 1923 französische und belgische Truppen als „Pfand" für entgangene Reparationsleistungen das Ruhrgebiet besetzten, brachten sie neben Offenburg auch die Karlsruher und Mannheimer Rheinhäfen unter ihre Kontrolle, die damit als wichtige Umschlagplätze ausfielen.[12]

Als Arbeit fast nichts mehr wert war – Inflationsgeld verlor seinen Wert schneller, als man einkaufen konnte.

Die mittleren Jahre der Weimarer Republik waren dann auch in Baden und Württemberg eine kurze Periode wirtschaftlicher Erholung und sozialer Fort-

---

9   Vgl. Christopher Dowe, Matthias Erzberger. Ein Leben für die Demokratie, Stuttgart 2011.
10 Entente: Bündnis der Kriegsgegner Deutschlands im Ersten Weltkrieg
11 Weber/Wehling, Geschichte Baden-Württembergs, S. 88.
12 Ebd., S. 89.

schritte. Trotz vieler Rückschläge konnte die Arbeiterschaft in einem Klima relativer politischer und wirtschaftlicher Stabilität eine ganze Reihe tarif- und sozialpolitischer Verbesserungen verbuchen, ohne dass die Unterbeschäftigung gerade auch in der Metallindustrie jemals vollständig überwunden werden konnte. Das Jahr 1927 brachte mit dem „Gesetz über Arbeitsvermittlung und Arbeitslosenversicherung" (AVAVG) einen von SPD und einem parteiübergreifenden Bündnis gewerkschaftlicher Politiker schwer erkämpften politischen Fortschritt.

Weltwirtschaftskrise und Arbeitslosigkeit

Doch schon 1928 zeigten sich in Deutschland erste Anzeichen für einen Konjunktureinbruch, der 1929 in einen dramatischen, historisch beispiellosen Schrumpfungsprozess der Wirtschaft überging. Eine Spirale von Produktionsrückgang, Arbeitsplatzeinbußen und schwindender Nachfrage führte in den frühen 1930er-Jahren zu einem geradezu explosionsartigen und psychologisch niederschmetternden Anstieg der Arbeitslosenzahlen. 1929 hatten die Arbeitsämter im Durchschnitt bereits 1,9 Millionen Erwerbslose registriert, im Folgejahr waren es 3,07 Millionen, 1931 4,5 und 1932 5,2 Millionen Arbeitslose. Zu ihnen muss noch einmal dieselbe Zahl von Kurzarbeitern hinzugerechnet werden, deren Arbeitsvolumen in vielen Fällen nahe dem Nullpunkt lag.

Auch wenn es andernorts im Deutschen Reich noch schlimmer war: 1932 betrug die Arbeitslosenquote in Baden 27,7 Prozent, in Württemberg waren es „nur" 20,8 Prozent.

Auch der deutsche Südwesten wurde von der Rezession mit voller Wucht getroffen, wobei das Land Baden deutlich stärker in Mitleidenschaft gezogen wurde als Württemberg.[13]

Württemberg ging mit einer deutlich geringeren Sockelarbeitslosigkeit in die Krise als Baden. Die verheerenden Folgen der Depression schlugen auf die weithin ländlich geprägten württembergischen Gebiete weniger katastrophal durch als im Reichsdurchschnitt, zumal der auch bei den Industriearbeitern immer noch verbreitete landwirtschaftliche Nebenerwerb Arbeitsplatzverluste bis zu einem gewissen Grade abfedern konn-

13 Nebenstehende Grafik: Arbeitslosigkeit, gemeldete Arbeitslose und Arbeitslosenquote (berechnet nach der Zahl der Krankenkassenmitglieder) nach Willi A. Boelcke, Sozialgeschichte Baden-Württembergs 1800-1989, Stuttgart 1989, Tab. 79, S. 396; ergänzt durch Hansmartin Schwarzmaier, Gerhard Taddey, Dieter Mertens, Handbuch der baden-württembergischen Geschichte, Band 5, Stuttgart 2007, S. 21.

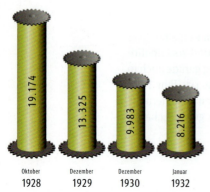

Wer in der Metall-Branche arbeitete, war stark von Arbeitslosigkeit bedroht – Beispiel für die Arbeitskräfteentwicklung in 65 Karlsruher Betrieben.

te. Besonders stark von der Krise betroffen wurde in beiden Ländern die Metallindustrie. In Karlsruhe beispielsweise sank die Zahl der Beschäftigten in 65 beobachteten Betrieben von 19.174 am 15. Oktober 1928 über 13.325 am 15. Dezember 1929, 9.983 am 15. Dezember 1930 auf 8.216 am 15. Januar 1932.[14] In Baden war am 31. Januar 1933 fast jeder fünfte Arbeitslose zuvor in der Metallindustrie beschäftigt gewesen. Auch in Württemberg wurden in den Daimler- und Benz-Werken massenhaft Beschäftigte entlassen.[15]

Die unter den Arbeitslosen vorherrschende verzweifelte Stimmung beschrieb der Vorstand des gewerkschaftlichen Deutschen Metallarbeiter-Verbands (DMV), des direkten Vorläufers der IG Metall, in seinem Jahr- und Handbuch für 1931:

„Die Leiden der Arbeitslosen sind unermesslich. Der Verlust an äußerem Lebensglück, der Kampf mit der wirtschaftlichen Not ist dabei nicht einmal das Schlimmste. Die Zerstörung körperlicher, geistiger und sittlicher Arbeitskraft und damit des inneren Lebensglücks der Arbeitslosen und ihrer Angehörigen ist entsetzlich. Je länger die Arbeitslosigkeit dauert, desto mehr steigert sich die Depression und Passivität, die Kriminalität wächst in bedrohlichem Maße".[16]

Insbesondere bei den von der Arbeitslosigkeit im Metallbereich noch stärker als ihre älteren Kollegen betroffenen Jungarbeitern führten wirtschaftliche Perspektivlosigkeit und Trostlosigkeit zudem zu einer politischen Radikalisierung, die sich auch im Südwesten in einem verstärkten Zulauf zur KPD manifestierte.

---

14 Angaben nach IG Metall, VSt. Karlsruhe (Hg.), Unser die Zukunft, Dokumente zur Geschichte der Arbeiterbewegung in Karlsruhe 1845-1952, bearbeitet und eingeleitet von Wolfgang Glaeser, Heilbronn 1991, S. 154.

15 Ebenda.

16 Zitiert nach IG Metall, VSt. Karlsruhe (Hg.), Unser die Zukunft, S. 155.

1891 D.M.V.-Göppingen, 25. jähr. Jub. 1916.

II.

Der Deutsche Metallarbeiter-Verband und die Gewerkschaftsbewegung in Baden und Württemberg

Unmittelbar nach dem Auslaufen der „Sozialistengesetze" fand vom 1. bis 6. Juni 1891 ein allgemeiner Metallarbeiterkongress in Frankfurt am Main statt. Der Deutsche Metallarbeiter-Verband wurde gegründet und zum Gewerkschaftssitz Stuttgart bestimmt. Mit der Gründung einer Industriegewerkschaft nahmen die Metallarbeiter dabei eine Vorreiterrolle in der gesamten Gewerkschaftsbewegung ein. Bis zum Vorabend des Ersten Weltkriegs entwickelte sich der Deutsche Metallarbeiter-Verband (DMV) zur mit Abstand größten Einzelgewerkschaft im Lager der sozialdemokratisch/sozialistisch orientierten Gewerkschaften, die sich ebenfalls 1891 in der „Generalkommission der Gewerkschaften Deutschlands" zusammengeschlossen hatten.

BLICK ZURÜCK:
HISTORISCHE
DOKUMENTE

Verbesserung der Arbeitsverhältnisse

Der Deutsche Metallarbeiter=Verband im Jahre 1903

Jahr- und Handbuch für Verbandsmitglieder

Die Tätigkeit zur Erringung besserer Arbeitsverhältnisse sowie zur Verhinderung von irgendwelchen Verschlechterungen war in diesem Jahre sehr rege, und insofern glücklicher, als sehr viel Bewegungen ohne jeden Streik durchgeführt werden konnten.

Die Stellung der Unternehmerorganisation unseren Bestrebungen gegenüber war wenig geändert. Von den Unternehmerverbänden und ihrer Presse wurde auch gegen die winzigsten Forderungen scharf gemacht, und dann erst klein beigegeben, wenn der Erfolg der Arbeiter unbestritten war.

Der Widerstand der Unternehmer und auch der Deutschen Arbeitgeberzeitung richtete sich vornehmlich gegen den Abschluss von kollektiven Arbeitsverträgen, angeblich, weil von diesen Arbeitsverträgen lediglich nur der Arbeiter den Nutzen, der Unternehmer aber den Schaden hätte.

110 Jahre alt ist dieser Text – er entstammt dem ersten Jahrbuch des 1891 gegründeten Verbands. Doch die Inhalte kommen einem gewerkschaftlich interessierten Menschen von 2013 so sonderbar vertraut vor: Bessere Arbeitsbedingungen, Abwehr von Rückschritten und erst recht der Flächentarifvertrag stehen nach wie vor ganz oben auf der Tagesordnung ...

> Trier, Großherzogtum Hessen ohne den Kreis Worms, die Provinz Hessen-
> Nassau, die Fürstentümer Birkenfeld und Waldeck, von Lothringen die Kreise
> Bolchen, Diedenhofen, Forbach, Metz und von der Rheinpfalz der Industrie-
> bezirk St. Ingbert im Bezirksamt Zweibrücken, Großherzogtum Luxemburg.
> **Neunter Bezirk:** Königreich Württemberg und von Bayern die Rhein-
> pfalz ohne St. Ingbert, Großherzogtum Baden, den Kreis Worms des Groß-
> herzogtums Hessen, die Reichslande Elsaß Lothringen ohne die Kreise Bolchen,
> Diedenhofen, Forbach, Metz und der preußische Regierungsbezirk Hohenzollern-
> Sigmaringen.
> **Zehnter Bezirk:** Königreich Bayern rechts des Rheins.

Der neunte Bezirk: So umständlich las sich die räumliche Beschreibung der Vorgänger-Region des heutigen Bezirks Baden-Württemberg der IG Metall.

Struktur und Mitgliederbewegung des DMV

1913, im letzten Friedensjahr vor dem Ersten Weltkrieg, zählte der DMV im Jahresdurchschnitt 544.934 Mitglieder. In den ersten Jahren des 20. Jahrhunderts waren zur organisatorischen Betreuung der Mitglieder zunächst zehn Bezirke gegründet worden; der Bezirk Stuttgart umfasste dabei die Länder Württemberg und Baden, dazu die Rheinpfalz mit der Arbeiterhochburg Ludwigshafen sowie Hohenzollern-Sigmaringen, das zu Preußen gehörte. Im Kaiserreich hatte zudem Elsaß-Lothringen zum Stuttgarter Bezirk gezählt.[17]

Nach dem Ende des Ersten Weltkriegs verzeichneten die Gewerkschaften zunächst einen regelrechten Ansturm auf ihre Organisationen, der die Mitgliedszahl des DMV bis 1922 über 1,6 Millionen ansteigen ließ. In den folgenden Jahren gingen jedoch über die Hälfte der Mitglieder wieder verloren (1926: 675.398 Mitglieder), ehe die nun folgenden wirtschaftlichen Erholungsjahre sich in neuerlichen Organisationsgewinnen niederschlugen (1929: 965.443 Mitglieder). Die Weltwirtschaftskrise führte dann auch beim DMV zu massiven Mitgliederverlusten, die den Mitgliederbestand vermutlich unter die 600.000-Marke und damit fast wieder auf Vorkriegsniveau drückten.[18]

Die Mitgliederentwicklung im Stuttgarter DMV-Bezirk entwickelte sich parallel zu derjenigen auf Reichsebene. 1913 waren in Württemberg 24.954, in Baden 20.202 und in der Pfalz 6.228 Metaller (und auch einige Metallerinnen) organisiert. 1922 erreichte die Zahl der organisierten Metaller auch im Südwesten ihren Höchstwert

---

17 Nach kontroverser Debatte war die 5. Generalversammlung des DMV 1901 dem Vorschlag des Vorstandes gefolgt, dass die Bezirksleiter von diesem zu ernennen (und nicht etwa von den Mitgliedern zu wählen) seien. vgl. IG Metall, Vorstand (Hg.), 100 Jahre Industriegewerkschaft 1891 bis 1991, Frankfurt am Main 1991, S. 118f.

18 Angaben nach ebd., S. 598. 1932 hatte der DMV noch 690.497 Mitglieder; unter Berücksichtigung der 1929 einsetzenden Abschwungstendenz dürfte die Mitgliedszahl im Mai 1933 deutlich unter 600.000 gelegen haben.

(82.251 in Württemberg, 75.201 in Baden und 28.788 in der Pfalz). Es folgte wie im Reich bis in die Mitte der 1920er-Jahre ein jäher Abschwung und daran anschließend ein neuerlicher Anstieg bis 1929. Die Not der Weltwirtschaftskrise verminderte dann auch im Südwesten wiederum die Zahl der Mitglieder auf 27.378 in Württemberg, 18.917 in Baden und 11.950 in der Pfalz im Jahr 1932. Von den in diesem Jahr insgesamt rund 690.000 organisierten Metallern kamen also rund 68.000 aus dem Bezirk Stuttgart. Spitzenreiter in Bezug auf die Mitgliedszahl war Stuttgart, wo auf dem Höhepunkt des Mitgliederbooms mehr als 25.000 Mitglieder organisiert waren. Auf über 10.000 Mitglieder brachten es einige Zeit lang danach die badischen Verwaltungsstellen in Karlsruhe, Mannheim und Pforzheim.[19]

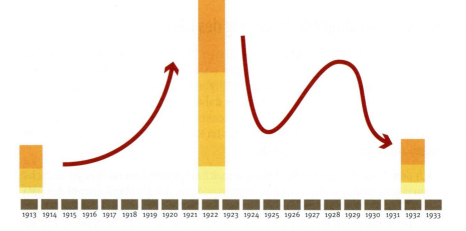

Mitgliederentwicklung im Bezirk Stuttgart des Deutschen Metallarbeiter-Verbands (DMV) 1913 bis 1933

Neben dem DMV spielten der „Christliche Metallarbeiter-Verband" (CMV) und der sozial-liberale „Hirsch-Dunckersche-Gewerksverein Deutscher Metallarbeiter" im Metallbereich nur eine untergeordnete Rolle. Dem CMV dürften 1933 noch etwa 100.000 Mitglieder die Treue gehalten haben, dem Gewerkverein der Metaller reichsweit vielleicht etwas über 60.000.[20] Berücksichtigt man die Kräfteverhältnisse zwischen den drei Richtungsgewerkschaften in der Metallindustrie, so dürfte es 1933 in Baden und Württemberg um die 8.000 christliche Gewerkschafter und in etwa 5.000 „Hirsche" gegeben haben.

---

19 Alle Angaben nach Peter Scherer/Peter Schaaf (Hg.), Dokumente zur Geschichte der Arbeiterbewegung in Württemberg und Baden 1848–1949, Stuttgart 1984, S. 697–703.

20 Vgl. IG Metall, Vorstand (Hg.), 100 Jahre IG Metall, S. 598. Zur Geschichte der christlichen Gewerkschaftsbewegung vgl. allgemein Michael Schneider, Die christlichen Gewerkschaften 1894–1933, Bonn 1982.

DER DMV IN
BADEN UND
WÜRTTEMBERG

*Die im Januar 1933 genannten Standorte
des Neunten Bezirks des Deutschen Metallarbeiter-Verbands
(Baden, Württemberg-Hohenzollern und einige Teile der Pfalz),
der mit einigen Ausnahmen dem heutigen
Bezirk Baden-Württemberg der IG Metall entspricht.*

Linksschwenk des DMV

Am 13. Oktober 1919 trat in Stuttgart die erste Generalversammlung des DMV nach dem Krieg zusammen. Sie geriet zur Generalabrechnung mit der von der DMV-Führung um Alexander Schlicke verfochtenen Burgfriedenspolitik, gegen die sich im Kriegsverlauf eine immer stärkere Opposition formiert hatte. Mit Robert Dißmann wurde nun einer der wichtigsten und schärfsten Opponenten der Kriegspolitik der Gewerkschaftsführung zu einem der nunmehr drei Vorsitzenden gewählt. Die beiden anderen waren Alwin Brandes, ebenfalls ein Gegner der Burgfriedenspolitik und Georg Reichel, der langjährige zweite Vorsitzende und damit ein Repräsentant der von der Verbandsführung im Krieg verfochtenen politischen Linie.[21]

Robert Dißmann: Metall-Gewerkschafter und Kriegsgegner

Der DMV bekannte sich nach dem Führungswechsel zum Rätesystem, womit er innerhalb der freigewerkschaftlichen Gewerkschaftsbewegung fast alleine stand. Nach dem Abebben der Novemberrevolution rückten Dißmann und die Mehrheit der DMV-Funktionäre von der Idee einer sofortigen rätedemokratischen Umgestaltung des Wirtschafts- und Gesellschaftssystems wieder ab, bestanden indes weiterhin auf einer entschiedenen sozialpolitischen Reformpolitik. Zugleich existierte innerhalb des Verbandes weiterhin eine starke linkssozialistische und später auch kommunistische Opposition.

Handlungsspielräume und Handlungsfelder der Gewerkschaften in der Weimarer Republik

Die Staatsumwälzung im November 1918 und die anschließende Einführung einer parlamentarisch-demokratischen Verfassung – mit der sich die Freien, nunmehr im Allgemeinen Deutschen Gewerkschaftsbund (ADGB) zusammengeschlossenen Arbeiterorganisationen und auch die Hirsch-Dunckerschen Gewerkschaften uneingeschränkt identifizierten – eröffnete den Arbeitnehmerorganisationen Einflussmöglichkeiten und Handlungsspielräume, die nur wenige Jahre zuvor gänzlich illusorisch schienen.

---

21 *Innerhalb des Trios avancierte Dißmann schnell zur prägenden Führungsfigur des DMV. 1922 kehrte er mit der USPD in die SPD zurück, wo er einer der führenden Vertreter des linken Parteiflügels war. Er war sicherlich einer der nicht sehr zahlreichen charismatischen Gewerkschaftsführer in der Weimarer Zeit. Dass er schon 1926 an Herzversagen starb, bedeutete für die gesamte Gewerkschaftsbewegung einen schweren Verlust.*

Betriebsräte sollten vom DMV alle 14 Tage mit neuen, erhellenden Informationen versorgt werden.

Unter dem Druck der militärischen Niederlage und der aufziehenden Revolution waren sie nunmehr von den Unternehmern als gleichberechtigte Gegenspieler bei der Regelung der Lohn- und Arbeitsbedingungen anerkannt worden. In nahezu allen Branchen hatten sich (vom DMV zunächst abgelehnte) Zentralarbeitsgemeinschaften (ZAG) aus Arbeitgeberverbänden und Gewerkschaften gebildet. Selbst zur Einführung des von der Arbeiterbewegung seit Jahrzehnten geforderten Achtstundentags erklärten sich die Unternehmerseite in ihrer Revolutionsangst bereit.

Darüber hinaus eröffnete die Demokratisierung den Gewerkschaften die Möglichkeit, durch ihre Vertreter in Parteien und Parlamenten in den verschiedensten politischen Feldern von der Sozial- bis zur Außenpolitik aktiv zu werden. Und auch auf der betrieblichen Ebene schien es den Gewerkschaften gelungen zu sein, wichtige Mitwirkungs- und Beteiligungsrechte der Arbeitnehmer in gesetzlicher Form zu verankern: Das nach schweren Unruhen und gegen den Widerstand von USPD und den rechtsbürgerlichen Parteien verabschiedete Betriebsrätegesetz vom 4. Februar 1920[22] legte verbindlich fest, dass in Betrieben ab fünf Beschäftigten eine Vertrauensperson und ab 20 Beschäftigten ein aus mehreren Personen bestehender Betriebsrat zu wählen sei. Es sah Mitspracherechte bei Entlassungen und auf sozialem Gebiet vor, stellte die Mitwirkungsorgane jedoch zugleich schon im § 1 des Regelwerks vor die schwierige Aufgabe, einerseits die „wirtschaftlichen Interessen der Arbeitnehmer" wahrzunehmen und andererseits „die Unterstützung des Arbeitgebers in der Erfüllung der Betriebszwecke" zu leisten. Das war weit von dem Rätegedanken entfernt, der in den Revolutionsmonaten weite Teile der Arbeiterschaft beflügelt hatte; gleichwohl bedeutete es doch einen Einbruch in die überkommene „Herr-im-Haus"-Mentalität der Unternehmerschaft.

---

22 *RGBl. 1920, I, S. 147-74.*

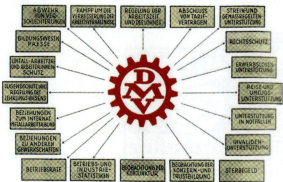

So beschrieb der DMV seine Aufgaben – sich um die Betriebsräte zu kümmern, war einer der wichtigen Punkte.

Im weiteren Verlauf der 1920er-Jahre entwickelten SPD und Freie Gewerkschaften das Konzept der „Wirtschaftsdemokratie", das einen schrittweisen und friedlichen Übergang zum Sozialismus durch eine Demokratisierung der Wirtschaft vorsah. Zugleich sollte das Genossenschaftswesen ausgebaut und sollten die am stärksten monopolisierten Wirtschaftsbereiche nach und nach in die öffentliche Hand übernommen werden.

Die sozialreformerischen Regelungen in Verfassung und Gesetzgebung boten den Arbeitnehmerorganisationen ein weites Betätigungsfeld. Sie setzten ihre Hoffnungen ganz überwiegend auf eine kontinuierliche Verbesserung der ökonomischen und sozialen Lage der Beschäftigten im demokratischen „Volksstaat". Wie schwierig dies angesichts der wirtschaftlichen Verwerfungen der kommenden Jahre und angesichts eines Arbeitgeberlagers, das schnell wieder auf einen harten Konfrontationskurs einschwenkte, umzusetzen sein würde, sollten die folgenden Jahre allerdings schnell zeigen.[23]

Erfolgreicher Generalstreik gegen den Kapp-Putsch

Zu Beginn der 1920er-Jahre befanden sich die freien Gewerkschaften hinsichtlich ihrer zahlenmäßigen Stärke und ihres politischen Einflusses auf dem Höhepunkt ihrer Macht. Als am frühen Morgen des 13. März 1920 unzufriedene Teile der deutschen Armee unter Führung des Generals Freiherr von Lüttwitz und rechtsradikaler Politiker mit dem Rittergutsbesitzer Wolfgang Kapp an der Spitze das Berliner Regierungsviertel besetzten und die meisten Minister der Reichsregierung unter Gustav Bauer zur Flucht ins sichere Stuttgart zwangen, war es vornehmlich der Initiative der freien Gewerkschaften zu verdanken, dass das reaktionäre Abenteuer durch einen Generalstreik der Arbeiter nach nur wenigen Tagen kläglich in sich zusammenbrach.

1920 erwiesen sich die Gewerkschaften als stark genug, um dem Kapp-Putsch entgegenzutreten. Aber sie zeigten sich in den folgenden Jahren als nicht mächtig genug, um ihre gesellschafts- und wirtschaftspolitischen Reformvorstellungen umzusetzen.

---

23 Vgl. zum Folgenden die detaillierte Darstellung der Arbeiterbewegung in der Inflationszeit von Heinrich August Winkler, Von der Revolution zur Stabilisierung. Arbeiter und Arbeiterbewegung in der Weimarer Republik 1918 bis 1924, Berlin/Bonn 1984.

Der Kampf um den Achtstundentag

Obgleich die Gewerkschaften die Machtprobe gegen die Rechtsputschisten für sich entscheiden konnten: Insbesondere in der Arbeitszeitfrage gerieten sie schnell wieder in die Defensive, auch der DMV. 1919 konnten die bayerischen Metallarbeiter noch die 44-stündige Arbeitswoche per Tarifvertrag erkämpfen – ein Erfolg, der auf das ganze Reich ausstrahlte, in dem die 48-Stunden-Woche üblich war.

Allerdings brachten bereits die folgenden beiden Jahre neue Steigerungen der Arbeitszeit. Vom 21. Februar bis Ende Mai 1922 streikten die Metallarbeiter in den wichtigsten Orten der bayerischen Metallindustrie, um zumindest die im auslaufenden Tarifvertrag festgesetzte 46-Stunden-Woche zu erhalten. Die Unternehmer verlangten die 48-Stunden-Woche. Der erbittert ausgefochtene Arbeitskampf erfasste auch Württemberg und Baden sowie das Gebiet um Frankfurt am Main, da die Unternehmer mit umfangreichen Aussperrungen reagierten. In Süddeutschland waren auf dem Höhepunkt des Ausstandes 205.000 Arbeiter im Streik oder ausgesperrt und das Unterstützungssystem des DMV – trotz einer Hilfsaktion des ADGB und der ihm angeschlossenen Verbände – heillos überbeansprucht.

Nach 13 Wochen heftiger Gegenwehr musste sich der Deutsche Metallarbeiter-Verband geschlagen geben. Die Arbeitszeit wurde nun auch im Süden und Südwesten wieder auf 48 Stunden aufgestockt.[24]

Ideal und Alltag blieben noch für lange Zeit weit auseinander: In den 1920er-Jahren gab es wie hier bei Daimler in Untertürkheim keinen Achtstundentag.

---

24 Einen guten Überblick gibt Wolfgang Glaeser, Metaller am See. Zur Geschichte der Gewerkschaften in Oberschwaben bis 1933 (herausgegeb. von der IG Metall, VSt. Friedrichshafen, Freiburg 1993, S. 132ff.

Als Nachspiel des Kampfes der Metallarbeiter wurden zahlreiche am Streik Beteiligte mit Anklagen wegen Landfriedensbruches überzogen; die Weimarer Justiz zeigte einmal mehr, dass sich Unternehmer und Wirtschaftsverbände auf sie verlassen konnten.[25]

„Ruhrkampf" und Hyperinflation

Schon im folgenden Jahr wurden die Arbeitnehmerorganisationen in den „Ruhrkampf" und die von ihm mit ausgelöste Hyperinflation hineingerissen. Französische und belgische Truppen hatten größere Bereiche im Ruhrgebiet besetzt, um ihre Ansprüche aus dem Friedensvertrag von Versailles zu erzwingen – spätestens seit Deutschland sich nach dem Sieg im 1870/71er-Krieg maßlos am damals unterlegenen Frankreich bereichert hatte, besaß die „Erbfeindschaft" auch eine eindeutig ökonomische Komponente.

Am 24. Januar 1923 stimmte der ADGB gegen den Widerstand des DMV dem „Ruhrhilfeabkommen" zu, mit dem Gewerkschaften und Unternehmer den mittlerweile ausgerufenen „passiven Widerstand" von Behörden und Bevölkerung gegen die Besatzer an der Ruhr unterstützten. Die Reichsregierung sabotierte die eigene Wirtschaft; sie förderte flächendeckende Streiks, indem sie die Löhne der untätigen Arbeiter bezahlte. Der „Ruhrkampf" ruinierte die durch den Krieg ohnehin aufgezehrten Staatsfinanzen endgültig und trieb die Geldentwertung in schwindelerregendem Tempo nach oben. Angesichts dieser Hyperinflation bestand die Tätigkeit der Gewerkschaften fast nur noch aus Lohnverhandlungen, die in immer kürzeren Abständen und schließlich nahezu im Tagesrhythmus stattfanden. Die Stuttgarter Bezirksleitung musste sich eingestehen, „dass trotz aller Überanstrengung wir bis zu einem gewissen Grade machtlos gegen die sich verschlechternde Wirtschaftslage und die fortschreitende Inflation ankämpften [...]."[26]

---

25 Vgl. den „Bericht des Vorstandes des DMV über den Streik zur Verteidigung der 46-Stunden-Woche in der süddeutschen Metallindustrie", abgedruckt in Scherer/Schaaf, Dokumentate, Dok. 96, S. 323-325 (Auszug).

26 Vgl. den „Bericht der Leitung des 9. Bezirks (Stuttgart) des DMV über die Auswirkungen der Inflation, abgedruckt in: Scherer/Schaaf, Dokumente, Dok. 99, S. 329.

Goldene Jahre?

Nach der erfolgreichen Bekämpfung der Hyperinflation kam es auch in Baden und Württemberg zu einer langsamen Erholung der Wirtschaft. Wie prekär die Lage gerade in der Metallindustrie weiterhin blieb, dokumenierte die Stuttgarter Bezirksleitung in ihrem Bericht über das Jahr 1926:

> „Das Jahr 1926 war in Bezug auf die Wirtschaftslage das schlechteste, welches wir wohl jemals zu verzeichnen hatten. Die Wirtschaftskrise, die im August 1925 in unserem Bezirk einsetzte, verschärfte sich von Monat zu Monat, um dann ab August 1926 im Beharrungszustand zu bleiben. [...] Parallel mit der Verschlechterung der Wirtschaftslage stieg die Zahl der arbeitslosen Kollegen und Kurzarbeiter, stieg die Zahl der stillgelegten Betriebe. Im Januar 1926 waren nach einer von uns aufgenommenen Statistik von den Mitgliedern 19,32 Prozent arbeitslos, daneben hatten wir rund 48 Prozent Kurzarbeiter."[27]

Nur ein Drittel der DMV-Mitglieder im Bezirk war mithin vollzeiterwerbstätig. Dabei betraf die Krise in erster Linie die Automobilindustrie und ihre Zulieferer, die sich mittlerweile zu einem Schlüsselsektor der deutschen Wirtschaft entwickelt hatten. Aber auch der Waggonbau, die Schmuckindustrie und die Uhrenindustrie waren überproportional betroffen. In die Höhe getrieben wurde die Arbeitslosigkeit nun durch die in den Unternehmen auf breiter Front durchgeführten Rationalisierungs-

Die Arbeit von Maschinen brachte Entlastung von körperlichem Schuften – und verringerte den Bedarf an Arbeitskräften.

---

27 Bericht der Leitung des 9. Bezirks (Stuttgart) über die Krise 1925/26 (sog. Rationalisierungskrise), in: Schorer/Schaaf, Dokumente, Dok. 105, S. 342.

maßnahmen, die die Produktivität in die Höhe trieben. Der DMV und die übrigen Gewerkschaften standen dem zunächst positiv gegenüber, erhofften sie sich von der Rationalisierung doch eine Entlastung der Beschäftigten und vor allem eine Verkürzung der Arbeitszeiten und höhere Löhne. Dies ließ sich jedoch gegen immer halsstarrigere Unternehmerverbände immer weniger durchsetzen.[28]

Die Gewerkschaften und der DMV in der Weltwirtschaftskrise

Vor diesem Hintergrund gerieten die Gewerkschaften vollends in die Defensive. Die ADGB-Organisationen forderten im Oktober 1930 die sofortige Einführung der 40-Stunden-Woche zur Sicherung und „gerechten" Verteilung der (noch) vorhandenen Arbeitsplätze. Eine im Frühjahr 1932 spät gestartete freigewerkschaftliche Kampagne für ein großangelegtes, kreditfinanziertes Arbeitsbeschaffungsprogramm („WTB-Plan"[29]) lief ins Leere, da die politischen Partner für eine Umsetzung dieser Pläne fehlten und auch in der SPD die Meinung weit verbreitet war, dass der Staat durch Arbeitsbeschaffungsmaßnahmen keine Arbeitsplätze schaffen könne.[30]

Immer wieder diese Adler: Ein stolzer Wappenvogel hätte er sein sollen, der Reichsadler der Weimarer Republik, des ersten Versuchs eines großen demokratischen Staats auf deutschem Boden. Doch die Verfassung, für die er stand, war am Ende für die Katz', weil sie im entscheidenden Moment nicht von ihren Bürgerinnen und Bürgern verteidigt wurde.

---

28 Vgl. ebd., S. 342f.
29 Das ADGB-Programm zur Überwindung der Wirtschaftskrise wurde nach den Initialen seiner geistigen Urheber – Wladimir Woytinski, Fritz Tarnow und Fritz Baade – benannt.
30 Vgl. Michael Schneider, Kleine Geschichte der Gewerkschaften, Berlin, 2000, S. 212ff.

Bilder wie dieses vom 1. Mai 1933 in Schwäbisch Hall haben eine Vorgeschichte. Die hier der NSDAP zujubeln, waren nicht „plötzlich da", sondern haben eine Entwicklung bis dahin durchlaufen.

III.

Aufstieg und Machtübernahme der NSDAP im deutschen Südwesten

Im März 1930 zerbrach die amtierende Große Koalition unter dem sozialdemokratischen Reichskanzler Hermann Müller im Streit um die Finanzierung der Arbeitslosenversicherung. Bei der folgenden Reichstagswahl im September des Jahres steigerten die Nationalsozialisten die Zahl ihrer Sitze von 12 auf 107 und wurden damit zweitstärkste Fraktion im Reichstag. Es folgte eine Reichsregierung unter Führung des Zentrums-Politikers und christlichen Gewerkschaftspolitikers Heinrich Brüning, die von der SPD toleriert wurde und die die Ära der halbdemokratischen „Präsidialkabinette" einläutete.[31]

Woher waren die Mandate der Nazis gekommen? Entgegen der in der zeitgenössischen Publizistik häufig vertretenen These, die Hitler-Partei sei im Kern eine Bewegung ressentimentgeleiteter (Klein-)Bürger und Bauern gewesen, hat sich in der jüngeren Forschung ein differenzierteres Bild durchgesetzt. Demnach kamen die NSDAP-Wähler aus allen Bevölkerungsschichten. „Sie war eine ‚Volkspartei des Protestes', wenn auch mit ‚Mittelstandsbauch'."[32]

Als verhältnismäßig wenig verführbar erwiesen sich allerdings, auf ganz Deutschland bezogen, der organisierte Teil der Arbeiterschaft und das katholische Milieu. In Anbetracht dieser generell sicherlich zutreffenden Befunde wären größere Erfolge der NSDAP im überwiegend protestantischen Württemberg als im stärker katho-

---

31 Zur Geschichte der Arbeiterbewegung in den Krisenjahren der Weimarer Republik vgl. die ausführliche Darstellung von Heinrich August Winkler, Der Weg in die Katastrophe, Arbeiter und Arbeiterbewegung in der Weimarer Republik 1930 bis 1933, Berlin/Bonn 1987 sowie Hans-Gerd Schumann, Nationalsozialismus und deutsche Gewerkschaftsbewegung. Die Vernichtung der deutschen Gewerkschaften und der Aufbau der „Deutschen Arbeitsfront", Hannover und Frankfurt am Main, 1958. Brüning regierte, gestützt auf den ursprünglich für den Ausnahmezustand vorgesehenen Artikel 48 der Weimarer Reichsverfassung, mithilfe sogenannter „Notverordnungen", die von Reichspräsident Paul von Hindenburg erlassen wurden. Der Reichstag hatte aber immer noch die Möglichkeit, diese Notverordnungen außer Kraft zu setzen.

32 Weber/Wehling, Kleine Geschichte Baden Württembergs, S. 92.

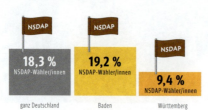

lischen und auch stärker industrialisierten Baden zu erwarten gewesen. Tatsächlich war es genau umgekehrt. Bei den Reichstagswahlen vom 14. September 1930 erzielte die NSDAP im Reichsdurchschnitt 18,3 Prozent der Stimmen. In Württemberg blieb sie mit nur 9,4 Prozent weit dahinter zurück, während sie in Baden mit 19,2 Prozent knapp darüber lag. Dieses Muster bestätigte und verfestigte sich in den folgenden Landtags- und Reichstagswahlen. Erst bei der letzten „halbfreien" und vom Terror gegen Demokraten und Kommunisten schon geprägten Reichstagswahl am 5. März 1933 trumpften die Nazis in beiden Ländern mit annähernd gleichen Ergebnissen auf, ohne dass die Differenz vollständig verschwunden war (Baden: 45,4 Prozent, Württemberg: 42,0 Prozent).

Als Erklärung bieten sich eine Reihe regionaler Besonderheiten an: Zum einen, und dies dürfte der entscheidende Faktor gewesen sein, schlug die Weltwirtschaftskrise in Württemberg deutlich weniger stark durch als in Baden. 1932 wurden in Württemberg im Jahresdurchschnitt 119.412 Arbeitslose ermittelt, in Baden bei etwas kleinerer Bevölkerungszahl 174.688.[33] Weitere Faktoren waren wohl der Pietismus und die Integrationskraft des in den ländlichen Gebieten Württembergs tief verwurzelten „Württembergischen Bauern- und Weingärtnerbundes", der von antisemitischen und republikfeindlichen Stereotypen alles andere als frei war, für den aber eine Zusammenarbeit mit den eher städtischen und vor allem „heidnischen" „Nazi-Sozis" zunächst nicht in Betracht kam.[34]

Schließlich hemmten in Württemberg Machtkämpfe zwischen den Nazigrößen Murr und Mergenthaler die Entwicklung. In Baden hingegen hatte sich Robert Wagner, ein Parteigenosse Hitlers der ersten Stunde und einer der in seinem Rassenwahn brutalsten Naziführer, schon Mitte der 1920er-Jahre als die unangefochtene Nummer eins der Partei etabliert. Wagner, der übrigens seinen wenig heldisch klingenden Geburtsnamen Backfisch früh abgelegt hatte, baute in Baden einen effizienten Partei- und Propagandaapparat der NSDAP auf, der den Nazis im demokratischen Musterländle bereits bei den Landtagswahlen 1929 einen ersten Erfolg beschert hatte.[35]

---

33 Angaben nach Schnabel, Geschichte von Baden und Württemberg, S. 106. Baden hatte 1933 2,41 Millionen, Württemberg 2,70 Millionen Einwohner (ebd., S. 99).

34 Vgl. Weber/Wehling, Kleine Geschichte Baden-Württembergs, S. 92f. Nach der NS-Machtübernahme zierte sich die württembergische Bauernpartei dann allerdings keinen Moment, sich den neuen Herren umgehend als Bündnispartner anzudienen, vgl. Sauer, Württemberg in der Zeit des Nationalsozialismus, Ulm 1975, S. 33.

35 Bei der badischen Landtagswahl vom 27. Oktober 1929 war die NSDAP auf 7,0 Prozent der Stimmen gekommen; Angabe nach Schnabel, Geschichte von Baden und Württemberg, S. 102.

IV.
„Sichert die Wahlen":
Die gelähmte Arbeiterbewegung

In der Auseinandersetzung mit dem Nationalsozialismus versuchte der DMV – wie die übrigen Freien Gewerkschaften auch – in zahlreichen Artikeln den „demagogischen" Charakter dieser „Bewegung" zu entlarven. Dass eine auf unerfüllbaren Versprechungen aufbauende politische Formation, deren hasserfüllte Ideologie alle Probleme dieser Welt dem „bolschewistischen Judentum" in die Schuhe schob und mit brutaler Gewalt gegen Andersdenkende vorging, auf Dauer Erfolg haben sollte, schien gerade den auf Reform und Vernunft setzenden Gewerkschaftsvertretern undenkbar.

Im Kampf gegen die Feinde der Republik waren die Gewerkschaften – und dies ist gegen wohlfeile nachträgliche Kritik immer in Rechnung zu stellen – ganz erheblich durch den mit der Arbeitslosigkeit einhergehenden gravierenden Schwund an Mitgliedern und Beitragszahlern geschwächt. Anfang der 1930er-Jahre hatte sich auch der DMV in einem erschreckenden Ausmaß in eine Organisation von Arbeitslosen und Kurzarbeitern verwandelt, deren politische Widerstandskraft und Kampagnefähigkeit erheblich eingeschränkt war.

Die Spaltung im Lager der Gewerkschaften

Am Vorabend der Weltwirtschaftskrise wurde die Schlagkraft der betrieblichen Interessenvertretung zudem durch die nun auch auf die Belegschaften erneut durchschlagenden Konflikte und Feindseligkeiten innerhalb der Arbeiterschaft fatal beeinträchtigt. Hatten sich kommunistische und sozialistische Arbeiter innerhalb des DMV bis gegen Ende der 1920er-Jahre noch auf gemeinsame Listen für die Betriebsratswahlen einigen können, formierte sich, nach einem politischen Schwenk der Berliner KPD-Zentrale hin zu einer ultralinken Verweigerungspolitik, mit der Revolutionären Gewerkschaftsopposition (RGO) eine parteiorthodox-kommunistische Konkurrenz auch zum DMV. Die christlichen und (liberalen) Hirsch-Dunckerschen Verbände spielten in Baden und Württemberg nach wie vor nur auf lokaler Ebene zuweilen eine bedeutendere Rolle.[36]

---

36 Im deutschen Südwesten hatte der Christliche Metallarbeiterverband besonders in Oberschwaben noch verhältnismäßig gefestigte organisatorische Strukturen; vgl. allgemein Glaeser, Metaller am See (gesamt). Allgemein lag der Schwerpunkt der Organisation in den industrialisierten katholischen Gebieten der Rheinprovinz und der Provinz Westfalen.

DIE GELÄHMTE
ARBEITERBEWEGUNG

"Durch Deutschland geht ein tiefer Riss", beklagte Kurt Tucholsky 1919 in der Zeitschrift *"Weltbühne".* Leider zeigte sich, das es nicht nur **ein** Riss war ...

Mit dem Linksschwenk der KPD und der Gründung der RGO wurde die innerhalb des DMV bereits zuvor alles andere als konfliktfrei weitgehend bewahrte Einheit der Gewerkschaftsbewegung untergraben. KPD und RGO sahen nun in den etablierten Gewerkschaften und in der SPD den mit allen Mitteln zu bekämpfenden „sozialfaschistischen" Hauptfeind der Arbeiterklasse. KPD-Gewerkschaftsmitglieder, die sich 1928 im Vorfeld der Betriebsratswahlen geweigert hatten, auf einer separaten „roten" Liste zu kandidieren, wurden aus der Partei ausgeschlossen. Das betraf auch die traditionell kommunistisch geführte Stuttgarter Ortsverwaltung, deren Erste und Zweite Bevollmächtigte, Simon Kraus und Ernst Dangel, stets für eine „Einheitsfront" der Arbeiterparteien geworben hatten und die innerhalb des DMV den kommunistischen Flügel der Arbeiterbewegung repräsentiert hatten. Dangel und Kraus schlossen sich nun der KPD-Opposition (KPO) an, die sich 1929 um August Thalheimer und Heinrich Brandel gegründet hatte.

Die Stuttgarter DMV-Ortsverwaltung blieb bis zur Zerschlagung der Gewerkschaften eine Bastion der KPO. Sie warb während der Weltwirtschaftskrise ebenso hellsichtig wie unermüdlich für eine gemeinsame Abwehrfront der zerstrittenen Arbeiterbewegung gegen die nationalsozialistische Flut.[37]

Zu einer gemeinsamen Aktion der verfeindeten Arbeiterparteien und der gewerkschaftlichen Arbeiterbewegung gegen den Nationalsozialismus ist es jedoch bekanntermaßen nicht gekommen.

---

37 Zur KPO vgl. insbes. Theodor Bergmann, „Gegen den Strom". Die Geschichte der KPD (Opposition), Hamburg 2001.

Appelle statt Aktionen

Als die im Mai 1932 neu eingesetzte Reichsregierung unter Franz von Papen – im Volksmund spöttisch „Kabinett der Barone" genannt – die nach wie vor sozialdemokratisch geführte preußische Regierung am 20. Juli 1932 absetzte, konnten sich die SPD und die Freien Gewerkschaften angesichts ihrer geschwächten Position nicht entschließen, dem offenkundig verfassungswidrigen „Preußenschlag" wie während des Kapp-Putsches mit einem Generalstreik entgegenzutreten. Die Gewerkschaften aller Richtungen beließen es bei einer Protesterklärung, die in dem Aufruf an die Mitglieder mündete, Disziplin zu bewahren.[38]

Sie richteten ihre Hoffnungen auf den Ausgang der für den 31. Juli angesetzten Reichstagswahl, von der sie eine Korrektur der politischen Machtverhältnisse erwarteten. Stattdessen brachte diese Wahl einen weiteren Stimmenanstieg für die NSDAP, die jetzt auf 37,3 Prozent der Stimmen kam und die nunmehr mit weitem Abstand die stärkste Fraktion im Reichstag stellte.

Prägnante Plakate statt praktischer Politik: Die Hoffnung auf ein demokratisches Machtwort der Wählerinnen und Wähler trog.

---

38 Gewerkschafts-Zeitung Nr. 30 vom 23.07.1932, S. 465.

Eiserne Front in Mannheim: Flagge zeigen (und Musik machen) gegen die Nazis

Eiserne Front

Hoffnungen auf eine gemeinsame Abwehrfront aller demokratischen Kräfte richteten sich nun auf die „Eiserne Front". Sie war am 16. Dezember 1931 auf Initiative des Reichsbanners[39] gegründet worden, um der nationalsozialistischen Springflut ein Gegengewicht gegenüberstellen zu können. Kern der Eisernen Front waren neben der SPD die Freien Gewerkschaften, das heißt, der ADGB und seine Verbände sowie die im Allgemeinen Freien Angestelltenbund zusammengeschlossenen freien Angestelltenverbände, aber auch die „Vorfeldorganisationen" der freien Arbeiterbewegung wie der Arbeiter-Turn- und Sportbund (ATSB) und eben das Reichsbanner. Die Eiserne Front prägte bis zur Reichstagswahl vom 5. März 1933 den Kampf von SPD und freier Gewerkschaftsbewegung gegen den Nationalsozialismus.

Sie bewirkte eine stärkere Aktivierung der Mitglieder, trat während der Reichspräsidentenwahl im März 1932 besonders profiliert in Erscheinung und veranstaltete bis in den Februar 1933 hinein auf lokaler und regionaler Ebene etliche Kundgebungen mit einer Vielzahl von Teilnehmern.[40] Unter dem Symbol der Eisernen Front, drei nach unten zielenden Pfeilen, sammelten sich die Verteidiger der Republik noch in den ersten Märztagen 1933 zu eindrucksvollen Kundgebungen. Rückblickend betrachtet war das das Schicksal der Demokratie und damit auch der Arbeiterbewegung zu diesem Zeitpunkt jedoch bereits besiegelt.

---

39 Das „Reichsbanner Schwarz-Rot-Gold, Bund deutscher Kriegsteilnehmer und Republikaner" war im Februar 1924 als Reaktion auf den Hitlerputsch, aber auch auf linke Umsturzversuche, von Mitgliedern der SPD, der Deutschen Zentrumspartei, der DDP sowie Gewerkschaftern gegründet worden. Faktisch allerdings überwog der Anteil der Sozialdemokraten an der Mitgliedschaft deutlich.

40 Zur Rolle der Eisernen Front in Ulm vgl. beispielhaft Uwe Schmidt, Ein redlicher Bürger redet die Wahrheit frei und fürchtet sich vor niemand. Eine Geschichte der Demokratie in Ulm, Aschaffenburg 2009, S. 70ff.

*Vorläufer der Eisernen Front:
Das „Reichsbanner Schwarz-Rot-Gold",
hier in Schramberg*

Marsch der Eisernen Front

Drei Pfeile zerspalten wie Blitze die Nacht.
Wo bist du, du Lump, der den Freund umgebracht?
National? National? National?
So schreist du, der nur sich selbst anerkennt
und alle beschimpft und Verräter nennt!
„National"?
Dich, Lüge, trifft der erste Strahl!

Fliege Pfeil, triff Hammer,
Rote Fahnen, wehet ins Land!
Eiserne Front! Eiserne Front! Eiserne Front!
Fliege, Pfeil, triff, Hammer uns'rer Hand!

Drei Pfeile zerspalten wie Blitze die Nacht.
Wo bist du, du Schuft, der den Diebstahl gebracht?
„Sozialist?" „Sozialist?" „Sozialist?"
So nennst du dich, der mit den Reichen paktiert,
dem Hohenzollernsohn hast du dich alliiert.
„Sozialist?"
Dich, Lüge, trifft der zweite Strahl!

Fliege Pfeil, triff Hammer,
Rote Fahnen, wehet ins Land!
Eiserne Front! Eiserne Front! Eiserne Front!
Fliege, Pfeil, triff, Hammer uns'rer Hand!

Drei Pfeile zerspalten die Nacht.
Wo bist du, du Pest, die sich ausgedacht
„Pg"? „Pg"? „Pg?"
Du dienst nur als Vorspann dem Schlotbaron,
er zahlt dir dicke Gelder, Million um Million,
„Pg"?
Dich, Lüge, trifft der dritte Strahl!

Fliege Pfeil, triff Hammer,
Rote Fahnen, wehet ins Land!
Eiserne Front! Eiserne Front! Eiserne Front!
Fliege, Pfeil, triff, Hammer uns'rer Hand!

*1932 auf einer „Freiheitsplatte" von „Mitgliedern
des Berliner Schubert-Chors mit Blas-Orchester"
erschienen · Verfasser unbekannt*

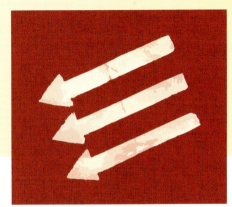

*Das Emblem der Eisernen Front
war gut geeignet, um Hakenkreuze zu übermalen.*

DIE GELÄHMTE
ARBEITERBEWEGUNG

Wahlplakate der
frühen 1930er-Jahre

Auf dem Weg zum 30. Januar 1933

Die zweite Jahreshälfte 1932 stand zunächst für den DMV und die gesamte freie Gewerkschaftsbewegung ganz im Zeichen der Abwehr der NSDAP und der als unsozial und undemokratisch gebrandmarkten Regierung Papen. Am 6. November 1932 fand nach einer erneuten Auflösung des Reichstags eine weitere Reichstagswahl statt, bei der die Hitler-Partei erstmalig deutliche Stimmenverluste zu verzeichnen hatte. Die Freien Gewerkschaften werteten das Wahlergebnis mit großem Optimismus als Anfang vom Ende des Nationalsozialismus. Sie vertrauten nach wie vor auf die Funktionstüchtigkeit des Parlamentarismus – und auf Reichspräsident Hindenburg als Hüter der Verfassung.

Als am 2. Dezember 1932 eine neue Regierung unter General Kurt von Schleicher gebildet wurde und dieser den Gewerkschaften schon im Vorfeld seiner Ernennung Gesprächsbereitschaft signalisiert hatte, wuchsen die Hoffnungen auf eine Überwindung der nationalsozialistischen Gefahr und der ökonomischen Krise noch einmal an.

Doch hinter den Kulissen hatte sich die politische Konstellation auf bedrohliche Weise verschoben. Nach einer Absprache von Papens mit Hitler im Haus des Kölner Bankiers Schröder gab Hindenburg den Einflüsterungen seiner Umgebung schließlich nach und verweigerte Schleicher die weitere Unterstützung. Letzte Appelle der Gewerkschaftsverbände an Hindenburg, keine sozialreaktionäre Regierungsbildung zuzulassen, verhallten ungehört. Am 30. Januar 1933 wurde Hitler zum Reichskanzler ernannt.

Der Berliner Reichstag brannte – die Nationalsozialisten profitierten.

Der Reichstagsbrand, die Reichstagswahl vom 5. März 1933 und das „Ermächtigungsgesetz"

Mit der Machtübernahme der NSDAP begann ein neues Kapitel in der Geschichte auch der Gewerkschaften. Dass diese Machtübernahme mit der Ernennung Hitlers zum Reichskanzler am 30. Januar 1933 bereits vollzogen war, erkannten jedoch nur die wenigsten Akteure innerhalb der Arbeiterbewegung. Zwar hatten die Gewerkschaften richtungsübergreifend unermüdlich vor den katastrophalen Folgen einer nationalsozialistischen Regierungsbildung gewarnt; mit der Dynamik und Brutalität, die die Hitler-Bewegung an der Macht entwickelte, rechneten sie jedoch nicht.[41]

Stattdessen reagierten die Gewerkschaften lediglich mit einem neuerlichen Aufruf zur Einigkeit, der diesmal vom ADGB, dem Allgemeinen freien Angestelltenbund, dem Gesamtverband der christlichen Gewerkschaften und dem Gewerkschaftsring Deutscher Arbeiter-, Angestellten- und Beamtenverbände gemeinsam unterzeichnet war. Eine Aufforderung an die Arbeiterschaft, sich auf aktive Gegenwehr vorzubereiten, fand sich hingegen nicht.

Während die Gewerkschaften an die Arbeiterschaft appellierten, Ruhe und Disziplin zu wahren und sich nicht provozieren zu lassen, versuchte die KPD vergeblich, die Arbeiterschaft zum Generalstreik zu mobilisieren. Lediglich die Arbeiter in den Tex-

---

41 Vgl. zum Folgenden insbes. Michael Schneider, Unterm Hakenkreuz. Arbeiter und Arbeiterbewegung 1933 bis 1939, Bonn 1999.

tilfabriken des kleinen württembergischen Industriedorfes Mössingen folgten dem entsprechenden Aufruf der württembergischen Bezirksleitung der KPD.⁴²

Die Gewerkschaften wie auch die SPD gaben sich in den ersten Wochen nach der Ernennung Hitlers zum Reichskanzler der Illusion hin – oder sie klammerten sich an sie –, dass auch diese neue Regierung wie ihre Vorgänger nur von kurzer Dauer sein würde. Alwin Brandes, einer der beiden Vorsitzenden des DMV und in der NS-Zeit dann später mutig im Widerstand aktiv, hatte noch am 31. Januar 1933 in der Sitzung des erweiterten Ausschusses des ADGB mit einem im Rückblick fast unwirklich anmutenden Optimismus geurteilt: „Am Anfang des vorigen Jahres rechnete nicht nur die nationalsozialistische Anhängerschaft, sondern fast das gesamte Bürgertum Deutschlands mit der in Kürze erfolgenden [...] Machtergreifung des Hakenkreuzfaschismus [...]. Während die kommunistische Politik immer neuen Wind in die Segel der Reaktion trieb, hat die Politik der SPD, die von den Gewerkschaften unterstützt wurde, dem Nationalsozialismus die geschichtliche Niederlage bereitet."⁴³

Am 3. Februar 1933 erklärte er auf der Tagung des erweiterten Beirats des DMV: „Die Nazis rechnen mit einer Entwicklung wie in Italien. Doch Deutschland ist nicht Italien und Hitler ist nicht Mussolini, und die deutsche Arbeiterschaft ist nicht die gleiche wie in Italien [...]. Die Erbitterung in der Arbeiterschaft über die Machenschaften der neuen Machthaber ist außerordentlich groß und das Verlangen an die politischen Parteien, die Pläne der Reaktion mit Gewalt zu zerschlagen, verständlich. Eine gewaltsame Auflehnung gegen diese Regierung würde ihr den Vorwand zum Staatsstreich geben. Es ist deshalb notwendig, dass die organisierte Arbeiterbewegung ruhig die Nerven behält."⁴⁴

Tatsächlich baute die NSDAP ihre Machtposition binnen kürzester Frist aus. Schon am 4. Februar 1933 schränkte eine von Reichspräsident von Hindenburg erlassene Notverordnung „zum Schutze des deutschen Volkes" die Meinungsfreiheit er-

Alwin Brandes, DMV-Vorsitzender, entwickelte sich nach gravierenden Fehleinschätzungen zum Widerstandskämpfer.

---

42 Vgl. zu dem wohl einzigen „Generalstreik" gegen die NS-Machtergreifung Hans-Joachim Althaus (Hg.), Da ist nirgends nichts gewesen außer hier. Das „rote Mössingen" im Generalstreik gegen Hitler. Geschichte eines schwäbischen Arbeiterdorfes, Berlin 1982. Der Demonstrationszug der streikenden Arbeiter und Arbeiterinnen wurde schließlich von einer eilig aus Reutlingen herbeibeorderten 40 Mann starken Staffel des Überfallkommandos der Polizei aufgelöst. Infolge des Streiks kam es zu zahlreichen Festnahmen. Insgesamt 58 Streikbeteiligte wurden wegen „Vorbereitung zum Hochverrat in Tateinheit mit erschwertem Landfriedensbruch" vor dem Strafsenat des Oberlandesgerichts in Stuttgart zu Haftstrafen bis zu viereinhalb Jahren verurteilt, woran sich in vielen Fällen die Einweisung in ein Konzentrationslager anschloss.

43 IG Metall, 100 Jahre, S. 282.

44 Ebenda.

heblich ein. Eine Gewaltwelle von SA und SS zeigte der Arbeiterbewegung, dass sie auf den Schutz des Staates endgültig nicht mehr zählen konnte. Der Wahlkampf der SPD für die Reichstagswahl im März 1933 und teilweise auch des Zentrums wurde durch zahlreiche polizeiliche Einschränkungen der Versammlungsfreiheit und besonders der Pressefreiheit massiv behindert. In Karlsruhe etwa wurde eine für den 25. Februar angesetzte Demonstration der Eisernen Front ebenso verboten wie der geplante Fackelzug vor der sozialdemokratischen Abschlusskundgebung zur Reichstagswahl. Noch schärferen Repressalien war die KPD ausgesetzt, die in Baden lediglich am 1. Februar eine einzige Kundgebung gegen die Hitler-Regierung abhalten konnte. Nach der Reichstagsbrandverordnung wurden selbst in geschlossenen Räumen kommunistische Veranstaltungen untersagt und alle Zeitungen der KPD endgültig verboten.[45]

Sie waren sich einig, wenn Grundrechte eingestampft werden sollten: Reichspräsident Hindenburg (rechts) und Reichskanzler Hitler.

Trotz aller Einschüchterung und Behinderungen brachten die von der neuen Regierung sofort angesetzten Neuwahlen am 5. März 1933 der NSDAP allerdings keine absolute Mehrheit der Sitze – und dies, obwohl die kommunistischen Abgeordneten ihre Mandate schon nicht mehr wahrnehmen konnten. Wenige Tage zuvor hatte, wie eine Mehrheit der Historiker vermutet, der politisch links orientierte holländische Aktivist Marinus van der Lubbe den Reichstag im Alleingang in Brand gesetzt.[46] Egal, ob er Einzeltäter war oder nicht: Der Vorfall lieferte für die NS-Machthaber den hoch willkommenen Vorwand zum sofortigen Erlass der sogenannten „Reichstagsbrandverordnung", die eigentlich „Verordnung des Reichspräsidenten zum Schutz von Volk und Staat" hieß.

Schon einen Tag nach dem Reichstagsbrand wurde diese Verordnung von Hindenburg unterschrieben. Sie setzte die verfassungsmäßigen Grundrechte außer Kraft und begründete für die gesamte Dauer des Dritten Reiches den permanenten Ausnahmezustand. Sie ermöglichte es dem NS-Regime, die nun auf breiter Front einsetzenden Unterdrückungsmaßnahmen gegen Oppositionelle mit einem Mäntelchen von Legalität zu umgeben. Vor allem konnten politische Gegner nun ohne Anklage

---

45 IG Metall, VSt. Karlsruhe (Hg.), Unser die Zukunft, S. 172.
46 Die lange dominierende „Alleintäter-These" ist in der jüngeren Vergangenheit bestritten worden. Manche Historiker gehen von einer Tatbeteiligung der Nationalsozialisten aus. Die Nazis selbst versuchten die Tat den Kommunisten in die Schuhe zu schieben.

und Beweise und ohne gerichtliche Überprüfung in „Schutzhaft" genommen, Versammlungen unterbunden und regimekritische Zeitungen verboten werden.

Die „Reichstagsbrandverordnung" gab dem Regime die Handhabe, noch vor der für den 5. März anstehenden Reichstagswahl eine große Zahl führender KPD-Funktionäre – darunter fast alle Mitglieder der kommunistischen Reichstagsfraktion – und auch schon zahlreiche Sozialdemokraten zu verhaften. Sie war auch die Grundlage für die Annulierung aller politischen Mandate von Mitgliedern der KPD.

Trotz aller Schikanierungen der politischen Gegner brachten selbst die bestenfalls halbfreien Reichstagswahlen vom 5. März nicht die absolute Mehrheit der Stimmen und Mandate. Für eine parlamentarische Mehrheit wurde vorerst noch die DNVP als Steigbügelhalter der NSDAP auf dem weiteren Weg in die Diktatur benötigt.

Ein unfasslicher Moment deutscher Geschichte: Uniformierte Nazi-Trupps drängen am 23. März 1933 in die Sitzung des Reichstags, um Druck auf die NS-kritischen Abgeordneten auszuüben.

Endgültig besiegelt wurde der Untergang von Demokratie und Rechtsstaatlichkeit in Deutschland dann sehr schnell. Das sogenannte „Ermächtigungsgesetz" vom 23. März 1933 erlaubte es der Regierung, ohne die Mitwirkung des Parlaments Gesetze zu beschließen. Durch die Verabschiedung des Gesetzes mit einer Zweidrittelmehrheit unter Beteiligung des Zentrums und der bürgerlichen Parteien war der Diktatur der Anschein von Legitimität verliehen worden. Lediglich die Abgeordneten der SPD stimmten mit dem Mute der Verzweiflung dagegen.[47]

---

47 Zur Ablehnung des Ermächtigungsgesetzes durch die sozialdemokratische Reichstagsfraktion vgl. die Rede des Abgeordneten Otto Wels vom 24. März 1933, in: Scheerer/Schaaf, Dokumente, Dok. 134, S. 408ff.

Die „Gleichschaltung" in Baden und Württemberg

Begleitet vom Terror der SA und sekundiert durch die Polizei wurden die Länder des Reiches nach der Märzwahl binnen kürzester Frist „gleichgeschaltet" und in das nationalsozialistische Herrschaftssystem integriert. Am 8. März ernannte Reichsinnenminister Frick mit Gauleiter Robert Wagner den ersten Mann der badischen Nazis zum Reichskommissar des Landes. Wagner ernannte sich nach dem gewaltsam erzwungenen Rücktritt der legalen Regierung unter der Leitung von Josef Schmitt (Zentrum) selbst zum Staatspräsidenten und wurde am 5. Mai 1933 „nachträglich von Hindenburg als Reichsstatthalter legalisiert".[48]

In Württemberg wurde die Fassade legaler Kontinuität hingegen formal gewahrt. NSDAP, DNVP und Bauernbund wählten NSDAP-Gauleiter Murr am 15. März zum Staatspräsidenten. Während sich in Baden jedoch Gauleiter Wagner zur unumschränkten Nummer eins im Naziapparat des Landes aufgeschwungen hatte und bis zum bitteren Ende einer der mächtigsten Männer im Dritten Reich war, blieb die Situation in Württemberg durch die anhaltenden Rivalitäten und offenen Feindseligkeiten zwischen dem geistig eher schlicht strukturierten Wilhelm Murr und dem NS-Ministerpräsidenten und Kultusminister Christian Mergenthaler geprägt.[49]

Der letzte Akt der Machtergreifung in den Ländern wurde vollzogen, als die Landtage gemäß den Ergebnissen der Reichstagswahlen umgebildet wurden. Auch hier fielen die Stimmen der mittlerweile illegalen KPD unter den Tisch. Am 8. beziehungsweise am 9. Juni verabschiedeten die Landtage in Baden und Württemberg entsprechend dem „Vorbild" auf Reichsebene mit Zweidrittelmehrheit Landesermächtigungsgesetze, die formal auf legale Weise besiegelten, dass die Landesvertretungen nur noch eine Statistenrolle innehatten. Während sich im Stuttgarter Landtag die SPD unter Erich Roßmann und Wilhelm Keil nicht an der Abstimmung beteiligte und sich wenig später auch selbst auflöste (sehr zum Zorn des späteren Parteivorsitzenden Kurt Schumacher)[50], stimmten im Karlsruher Parlament die fünf noch nicht verhafteten SPD-Abgeordneten mit „Nein".[51]

---

48 Weber/Wehling, Kleine Geschichte Baden-Württembergs, S. 94.
49 Vgl. hierzu besonders Paul Sauer, Württemberg in der Zeit des Nationalsozialismus, S. 29f.
50 Irmgard Knoll, „Die schwebende Angelegenheit Keil", in: 100 Jahre SPD Ludwigsburg 1891–1991, Erdmannhausen 1991; Archiv der sozialen Demokratie, Bestand Schumacher J5; Willy Albrecht, Kurt Schumacher. Ein Leben für den demokratischen Sozialismus, Bonn 1985
51 Vgl. Weber/Wehling, Kleine Geschichte Baden-Württembergs, S. 96.

V.

Die Unterdrückung der Arbeiterbewegung in Baden und Württemberg und die Zerschlagung der Gewerkschaften am 2. Mai 1933

Anders als die Kommunisten und zahlreiche Sozialdemokraten waren die Gewerkschaften im Februar 1933 von Übergriffen der Nationalsozialisten noch weitgehend verschont geblieben. Das änderte sich nach den Wahlen vom 5. März schlagartig. Mit der Gleichschaltung der Länder fiel den Nazis nun auch der Polizeiapparat als Repressionsinstrument in die Hände. Doch selbst die blutigen Überfälle auf Gewerkschaftshäuser in allen Teilen des Reiches führten zu keiner grundsätzlichen Überprüfung der gewerkschaftlichen Politik des Stillhaltens.

In Baden erreichte die Repression gegen politische Oppositionelle bereits im März einen unrühmlichen Höhepunkt, der die Verfolgungsintensität im übrigen Reichsgebiet sogar noch übertraf. Anlass war, dass in der Nacht zum 17. März 1933 der SPD-Landtagsabgeordnete Christian Daniel Nußbaum zwei Polizisten mit Schüssen durch die geschlossene Wohnungstür seines Hauses tödlich verwundet hatte. Anscheinend glaubte er an einen Einbruch, allerdings nicht an einen durch die Staatsgewalt.[52]

Wagner ordnete in einem Geheimerlass an die Polizeibehörden umgehend „überfallartige Durchsuchungen" der Wohnungen Oppositioneller an. Allein in Karlsruhe wurden innerhalb einer Woche über 100 Personen festgenommen, auch die sozialdemokratischen Zeitungen im ganzen Land wurden verboten und die Parteibüros geschlossen, Wehrorganisationen wie die Eiserne Front verboten.[53]

Am 1. April 1933 führte der von Plünderungen und Gewalttätigkeiten begleitete Boykott jüdischer Geschäfte die menschenverachtende Brutalität des Nazi-Regimes auch der Bevölkerung Badens und Württembergs mit aller Deutlichkeit vor Augen.

---

[52] Vgl. Heinz Siebold, Eine Atmosphäre des Terrors. Wie die Nazis die Notwehr von Daniel Nußbaum nutzten, in: Badische Zeitung vom 25. Januar 2010.
[53] IG Metall, VSt. Karlsruhe (Hg.), Unser die Zukunft, S. 175.

UNTERDRÜCKUNG
ZERSCHLAGUNG
VERFOLGUNG

In Heilbronn wird am 12. März 1933 auch die Druckerei des „Neckar-Echo" beschlagnahmt und künftig für Nazi-Zwecke genutzt – gezielte Schläge gegen die Möglichkeit der fortschrittlichen Kräfte, Informationen und Meinungen zu verbreiten.

Versuche der Organisationsrettung durch taktische Anpassungsbereitschaft

Statt erbitterten (und zu diesem Zeitpunkt mutmaßlich aussichtslosen) Widerstands war spätestens im März 1933 die „Rettung der eigenen Organisation" zur „obersten Maxime"[54] gewerkschaftlichen Handelns geworden. Der ADGB distanzierte sich zunächst vorsichtig von der SPD und betonte seinen unpolitischen Charakter als ausschließlich wirtschaftliche Interessenvertretung der Arbeitnehmer. Die Führung der christlichen Gewerkschaften bekundete am 16. und 17. März ihre Bereitschaft zur Mitarbeit im „neuen Staat" und stellte sich, so Bernhard Otte, der Vorsitzende des „Gesamtverbandes der Christlichen Gewerkschaften Deutschlands", „bewusst in den Dienst der großen Sache."[55]

Am 9. April folgte der ADGB der programmatischen Anpassung der christlichen Konkurrenz und erklärte sich bereit, „die von den Gewerkschaften in jahrzehntelanger Wirksamkeit geschaffene Selbstverwaltungsorganisation der Arbeiterschaft in den Dienst des neuen Staates zu stellen[56] – im Übrigen nahezu einmütig[57] und unter Beteiligung der Vertreter des DMV.

---

54 Schneider, Kleine Geschichte, S. 226.

55 Zitiert nach: ebenda.

56 Zitiert nach: ebd., S. 226f. Eine akribische Darstellung des gewerkschaftlichen Anpassungskurses bietet Manfred Scharrer, Anpassung bis zum bitteren Ende, in: ders. (Hg.), Kampflose Kapitulation, Reinbek bei Hamburg 1984.

57 Lediglich Siegfried Aufhäuser, der Vorsitzende des Allgemeinen freien Angestelltenbundes (AfA-Bundes), hatte sich wiederholt gegen die gewerkschaftliche Anpassungstaktik ausgesprochen und auf die aktive Mobilisierung der Arbeiterschaft gedrängt. Aufgrund seiner jüdischen Herkunft zählte er zu den von den Nazis am meisten gehassten Gewerkschaftsführern. Ende März legte er sein Amt als Vorsitzender des AfA-Bundes nieder.

Erst nachdem Vertreter der Nationalsozialistischen Betriebszellenorganisation (NSBO) – einer quasigewerkschaftlichen Unterorganisation der NSDAP – ADGB-Chef Theodort Leipart ultimativ zur Übergabe seines Amtes an einen Nationalsozialisten aufgefordert hatten, war die Grenze der Anpassungstaktik erreicht. Leipart prangerte die blutigen Übergriffe auf Gewerkschaftsmitglieder und die Besetzung der Gewerkschaftshäuser an und lehnte ab.[58]

Schließlich bildeten die Vorsitzenden der gewerkschaftlichen Dachverbände Ende April 1933 noch einen „Führerkreis der vereinigten Gewerkschaften" mit dem Ziel der Vereinheitlichung der Gewerkschaftsbewegung und unternahmen so einen letzten vergeblichen Versuch, sich als eigenständige Organisationen in den „Nationalen Staat" einzugliedern.

Als das neue Regime mit einem geschickten Schachzug den 1. Mai zum Feiertag der „nationalen Arbeit" erklärt hatte und damit der Arbeiterschaft scheinbar entgegengekommen war, riefen auch der ADGB und die ihm angeschlossenen Gewerkschaften die Mitglieder zur Teilnahme an der Maifeier der Regierung auf. Diese später heftig kritisierte „Selbstaufgabe" der Gewerkschaften war dabei in erster Linie von der Sorge der Gewerkschaftsführung getragen, dass all diejenigen, die nicht an der Veranstaltung teilnehmen würden, mit massiven Repressalien zu rechnen hätten. Angesichts der Tatsache, dass Mitte April die schnell errichteten frühen Konzentrationslager und die Gefängnisse des Reiches bereits mit Tausenden Regimegegnern gefüllt waren, war dies keineswegs eine abwegige Vermutung.[59] Die Maifeiern unter Naziregie sollten dann zu einer pompösen Propagandaschau zugunsten der Regierung entarten.

Die Teilnahme der Gewerkschaften an den nunmehr regierungstreuen Feiern zum 1. Mai markierte den später oft angeprangerten Höhepunkt der gewerkschaftlichen Anpassungsbereitschaft an das neue Regime. Denn nur einen Tag nach der „gelungenen" Inszenierung volksgemeinschaftlicher Solidarität folgte die ebenso gut or-

---

58 Leipart, der aufgrund seines Alters ohnehin kurz vor der Ablösung stand, schlug damit im Übrigen einen für ihn persönlich sehr bequemen Ausweg aus. Der Kurs der ADGB-Führung im Frühjahr ist in der historischen Forschung bis heute immer wieder diskutiert und nicht selten angeprangert worden. Nicht immer wurden dabei die geringen Handlungsspielräume der Arbeitnehmerorganisationen und der auf der Gewerkschaftsführung lastende politische Druck ausreichend gewürdigt. Vgl. hierzu besonders Ulla Plener, Theodor Leipart (1867-1947), 1. Halbband: Biographie, Berlin 2000.

59 Vgl. Plener, Leipart, S. 280ff.

UNTERDRÜCKUNG
ZERSCHLAGUNG
VERFOLGUNG

Beispiel Reutlingen: Die Nazis reklamierten die alte Forderung der Arbeiterbewegung nach einem eigenen Feiertag für sich ...

ganisierte Aktion zur Zerschlagung der Freien Gewerkschaften. Ihre Gewerkschaftshäuser, die Büros der Gewerkschaftspresse und andere gewerkschaftsnahe Einrichtungen im ganzen Reich wurden handstreichartig von SA-Verbänden besetzt – sofern sie dies nicht bereits vorher schon getan hatten. Zahlreiche Gewerkschaftsfunktionäre bis hinab zur Ebene der Bevollmächtigten und manchmal auch einfache Gewerkschaftsangestellte wurden Opfer der Verhaftungswelle. Andere mussten an der ordnungsgemäßen Übergabe des geraubten Gewerkschaftsvermögens an die Deutsche Arbeitsfront (DAF) mitwirken, ehe die meisten von ihnen fristlos entlassen wurden.

Die DAF umfasste Arbeitnehmer und Arbeitgeber gemäß der NS-Volksgemeinschaftsideologie und gliederte sich in 18 Reichsbetriebsgemeinschaften, darunter auch eine für den Metallbereich. Sie verdrängte die eher antikapitalistisch und national-sozialrevolutionär orientierte NSBO.

Verhaftungen, Folter und Mord bereiteten der freien Gewerkschaftsbewegung am 2. Mai 1933 ein gewaltsames Ende. Die übrigen Richtungsgewerkschaften unterstellten sich am 3. Mai 1933 einem „Aktionskomitee zum Schutze der deutschen Arbeit", womit auch ihre Rolle als eigenständige Interessenvertreter der Arbeitnehmerschaft ein Ende fand.[60]

---

60 Vgl. Schneider, Kleine Geschichte, S. 229.

... und organisierten einen pompösen Feiertag samt nächtlicher Leuchtschrift „Deutschland ist erwacht", ehe am nächsten Tag die freien Gewerkschaften brutal aufgelöst wurden.

VI.
Verfolgung und Widerstand der Arbeiterbewegung gegen das NS-Regime im Südwesten

Verhaftet, weil er Gewerkschafter war: Theodor Leipart, 1933 Vorsitzender des ADGB

Am 2. Mai 1933 wurden sämtliche Vorstandsmitglieder des ADGB, darunter der Bundesvorsitzende Theodor Leipart, aber auch zahlreiche Vorstandsmitglieder der Einzelgewerkschaften des ADGB und des AfA-Bundes[61], die Redakteure der maßgeblichen Gewerkschaftszeitungen, die Bezirksvorstände des ADGB und oft auch einfache Ortsvorstände und Bevollmächtigte häufig unter demütigenden Begleitumständen festgenommen und inhaftiert.[62] Auch eine Reihe höherer DMV-Funktionäre wurde am 2. Mai 1933 oder in den Tagen danach vorübergehend in Schutzhaft genommen, sofern dies nicht, wie im Fall des Reutlinger Vorsitzenden des Metallarbeiterverbandes, Georg Zischer, bereits vorher geschehen war.[63] Zu den Verhafteten zählte auch Alwin Brandes, der Vorsitzende des DMV.[64]

Insgesamt wurden hunderte Gewerkschaftsfunktionäre verhaftet. Die meisten von ihnen wurden nach wenigen Tagen oder Wochen wieder freigelassen, mussten sich aber zumeist wöchentlich bei der Polizei melden. Viele von ihnen wurden später erneut verhaftet, manchmal wiederholte sich dies mehrere Male. Andere wurden in die Konzentrationslager verschleppt und jahrelang festgehalten.[65]

---

61 Der Allgemeine freie Angestelltenbund war der Dachverband der freigewerkschaftlichen Angestelltenorganisationen.
62 Zur Verhaftung der Gewerkschaftsspitze vgl. Plener, Leipart, S. 285ff.
63 Vgl. IG Metall, VSt. Reutlingen (Hg.), Wir lernen im Vorwärtsgehen! Dokumente zur Geschichte der Arbeiterbewegung in Reutlingen 1844–1949, bearb. von Paul Landmesser und Peter Päßler, Heilbronn 1990, S. 403.
64 Vgl. Arne Pannen, Alwin Brandes, in: Siegfried Mielke/Stefan Heinz (Hg.) Funktionäre des Deutschen Metallarbeiterverbandes im NS-Staat. Widerstand und Verfolgung [= Gewerkschafter im Nationalsozialismus. Verfolgung – Widerstand – Emigration, Bd. 1], Berlin 2012 (unter Mitarbeit von Marion Goers), S. 53-74, hier: S. 59.
65 Vgl. Schneider, Unterm Hakenkreuz, S. 102.

UNTERDRÜCKUNG
ZERSCHLAGUNG
VERFOLGUNG

Gefürchtet wegen seiner kalten, nassen Zellen, seiner zahlreichen Spitzel und seines extrem brutalen Kommandanten: Das Konzentrationslager Oberer Kuhberg bei Ulm.

Die Systematisierung des Terrors: Konzentrationslager in Baden und Württemberg

Mit der Machtübernahme der NSDAP in Baden und Württemberg hatte auch im deutschen Südwesten die massive Verfolgung der politischen Gegner, zunächst vor allem der Kommunisten, begonnen. Auf dem Heuberg bei Stetten am Kalten Markt richteten die Nationalsozialisten schon am 19. März 1933 das erste Konzentrationslager in Württemberg ein, das schon eine Woche später völlig überfüllt war und ohne besondere Genehmigung keine Häftlinge mehr aufnahm. Ende 1933 wurden die verbliebenen Heuberg-Häftlinge in das KZ „Württembergisches Schutzhaftlager Oberer Kuhberg, Ulm/Donau" verlegt. Im Zuge einer allgemeinen Zentralisierung des KZ-Systems wurde im Jahr 1935 das KZ Oberer Kuhberg aufgelöst. Die verbliebenen 30 Gefangenen wurden in das KZ Dachau überstellt, unter ihnen auch Kurt Schumacher, der erste Vorsitzende der SPD nach dem Krieg. In Baden wurden die Lager Kislau und Ankenbruck angelegt, manche der badischen Schutzhäftlinge wurden aber auch auf den Heuberg verschleppt.

Nicht der Terrorisierung Andersdenkender sondern der Ermordung psychisch Kranker und behinderter Menschen diente die Tötungsanstalt Grafeneck auf der Schwäbischen Alb in Württemberg . Hier wurden 1940 im Rahmen der sogenannten „Euthanasie" über zehntausend Menschen umgebracht, meistens durch „Tötungsärzte", die die Menschen vergasten.[66]

Trauriger Ruhm: der kommunistische Arbeiter Hermann Wißmann aus Ludwigsburg ist der erste Tote, der in einem württembergischen KZ zu beklagen war.

---

66   Vgl. hierzu Ernst Klee, Euthanasie im NS-Staat. Die Vernichtung lebensunwerten Lebens, Frankfurt am Main 1983.

UNTERDRÜCKUNG
ZERSCHLAGUNG
VERFOLGUNG

Adam Remmele u. Genossen beim „Einzug" in Kislau

Willkür, Häme und Klebstoff: Nazis bastelten sich eine Bildpostkarte, nachdem der frühere Staatspräsident von Baden, der Gewerkschafter Adam Remmele, und andere Vertreter der fortschrittlichen Denkart verhaftet und gedemütigt worden waren.

Verfolgung, Schutzhaft, Mord

Der allgemeine Terror traf alle Organisationen der Arbeiterbewegung, Parteien wie Gewerkschaften; auch die sozialistischen Vorfeldorganisationen wie die Arbeitersportvereine und die Naturfreunde, karitative Organisationen wie die Arbeiterwohlfahrt und wirtschaftliche Selbsthilfeeinrichtungen wie die Genossenschaften blieben nicht ausgespart.

Verfolgt wurden dabei „gerade zu Beginn der nationalsozialistischen Herrschaft Politiker und Funktionäre der mittleren und oberen Führungsebene der Arbeiterbewegung, und zwar oftmals unabhängig davon, wie sie sich in der konkreten Entscheidungssituation im Frühjahr 1933 verhielten beziehungsweise verhalten hatten." [67]

Allein das Konzentrationslager auf dem Heuberg durchliefen bis zum 23. August rund 3.300 Männer aus Württemberg, 178 aus Baden und 11 aus Hohenzollern.[68] Von Anfang an ging es darum, die Persönlichkeit und den Widerstandsgeist der Gefangenen zu brechen. Schläge prägten den Alltag: „Als Werkzeug dienten den SA-Männern dabei Koppelriemen und Polizeiknüppel, Holzprügel oder die Absätze von beschlagenen Militärstiefeln. Auch ein schwerer Schlüsselbund wurde als Schlaginstrument benutzt. Die Folge waren ausgeschlagene Zähne, gebrochene Rippen und Blutergüsse am ganzen Leib."[69] Als besonders schlimm empfanden die Häftlinge die Wasserfolter am Brunnen des Lagers, bei der die Opfer fortgesetzt in das gerade im Winter eiskalte Wasser des Brunnentrogs eingetaucht, mit einem un-

---

67 Vgl. hierzu Ernst Klee, Euthanasie im NS-Staat. Die Vernichtung lebensunwerten Lebens, Frankfurt am Main 1983.
68 Kienle, Das Konzentrationslager Heuberg bei Stetten am kalten Markt, Ulm 1998, S. 98.
69 Ebd., S. 82.

ter hohem Druck stehenden Wasserstrahl abgespritzt und ihre Haut anschließend mit rauen Scheuerbürsten malträtiert wurde.[70]

Nicht ganz so barbarisch wie auf dem Heuberg waren die Verhältnisse zunächst wohl im badischen Lager Kislau bei Bruchsal. Hierhin waren am 16. Mai 1933 neben dem früheren badischen Staatspräsidenten Adam Remmele auch der frühere badische Justizminister und langjährige Vorsitzende der badischen SPD-Landtagsfraktion, Ludwig Marum, und fünf weitere führende badische Sozialdemokraten verbracht worden.

Ludwig Marum – gebildet, links, jüdischer Herkunft

Ludwig Marum, geboren 1882 in Frankenthal in der Pfalz, war promovierter Jurist und wurde als scharfsinniger, brillanter Redner beschrieben. Er war freireligiös und stammte aus einer jüdischen Familie mit Wurzeln in Spanien. Als Sozialdemokrat jüdischer Herkunft war er sicherlich doppeltem Druck ausgesetzt; aus verschiedenen Konzentrationslagern wird berichtet, dass die Übergriffe der Wachmannschaften besonders auf die Gefangenen zielten, die als Juden bezeichnet wurden.

Als einziger der sieben gemeinsam verhafteten prominenten SPD-Politiker weigerte er sich, eine Erkärung zu unterschreiben, wonach er sich nicht mehr gegen den „neuen Staat" engagieren werde. Während die anderen sechs bereits wieder freigekommen waren, wurde Ludwig Marum weiterhin festgehalten. Ob wegen seiner Herkunft oder seiner unbeugsamen Haltung: Am 29. März 1934 wurde er – wahrscheinlich auf direkten Befehl des badischen „Reichsstatthalters" Robert Wagner – erdrosselt.[71]

Inmitten Uniformierter und vieler Schaulustiger wurde Ludwig Marum zusammen mit anderen willkürlich Verhafteten auf dem offenen Pritschenwagen durch die Stadt gefahren, um ihn zur Schau zu stellen.

---

70 Ebd., S. 89.
71 Zu Ludwig Marum vgl. Manfred Koch, „Meine Freiheit können sie mir nehmen, aber nicht meine Würde und meinen Stolz". Ludwig Marum – in Schutzhaft ermordet, in: Haus der Geschichte Baden-Württemberg (Hg.), Politische Gefangene in Südwestdeutschland, Tübingen 2001, S. 195–211.

Metall-Gewerkschafter Georg Zischer – gefoltert bis in den Tod

Auch Georg Zischer, der in der Weimarer Republik die Reutlinger Verwaltungsstelle des DMV geleitet hatte, brachten die Nazis den Tod. Zischer war Mitte April 1933 mit anderen Reutlinger Gewerkschaftern auf dem Heuberg interniert worden. Ein Freund und Mithäftling berichtete später: „Er wurde geschlagen, weil er die Treppe, die er putzen sollte, nicht sauber brachte. Man hatte ihm befohlen, die Steinstufen von unten nach oben zu reinigen. Dabei schüttete man immer Wasser nach, so dass er nicht fertig wurde. Am Ende bekam er Prügel, weil er ein faules Schwein sei. Als er völlig erschöpft war, wurde er ins Revier gebracht. Der SA-Sturmführer aber, ein Reutlinger, riss das Fieberblatt weg und schrie den Kranken an: ‚Heraus aus dem Bett, du Lügner.' Am nächsten Morgen in der Toilette weinte Zischer und sagte zu mir: ‚Ich kann nicht mehr, ich nehme mir das Leben'."

Kurz nach seiner Entlassung aus dem Lager beging Georg Zischer Selbstmord. [72]

Gustav Schulenburg – Tod im Konzentrationslager

Gustav Schulenburg war von 1919 bis 1933 erster Bevollmächtigter des DMV in Karlsruhe gewesen. Er entging seiner Verhaftung durch Flucht in die Schweiz. Von da aus ging er nach Straßburg, wo er von 1906 bis 1918 ebenfalls Bevollmächtigter des DMV gewesen war und fand bis zu seinem Ruhestand 1939 bei den elsässischen Gewerkschaften eine neuerliche Anstellung. Nach dem Einmarsch in Frankreich verhafteten ihn die Nazis und verbrachten ihn nach Karlsruhe ins Gefängnis. Nach zweijähriger Untersuchungshaft und schweren Misshandlungen wurde er zu vier Jahren Zuchthaus wegen Vorbereitung zum Hochverrat verurteilt. Dass die Netzwerkverbindungen unter den ehemaligen DMV-Funktionären auch zu diesem Zeitpunkt immer noch bestanden, zeigt sich daran, dass es Alwin Brandes in Berlin gelang, Schulenburg einen Rechtsbeistand für seinen Prozess vor dem Oberlandesgericht Stuttgart zu besorgen.

Im Zuchthaus von Zweibrücken wurde Schulenburg zwei Jahre inhaftiert, ehe er in das Konzentrationslager Dachau abtransportiert wurde. Hier starb er am 20. Dezember 1944. [73]

---

72 Zu Georg Zischer vgl. Heinz Dieter Schmid, *Die nationalsozialistische Machtergreifung in einer Kreisstadt*, Frankfurt am Main 1983, S. 32

73 IG Metall, VSt. Karlsruhe (Hg.), *Unser die Zukunft*, S. 192f.

UNTERDRÜCKUNG
ZERSCHLAGUNG
VERFOLGUNG

Sie – und andere – geben dem gewerkschaftlichen Widerstand gegen das Nazi-Regime Namen und Gesicht: Heinrich Schliestedt, Alwin Brandes und Max Urich (von links).

Widerstand in der totalitären Diktatur: 1933 – 1936

Die Widerstandsaktivitäten von Gewerkschaftern des DMV auf lokaler und regionaler Ebene sind nach wie vor nur lückenhaft erforscht – das gilt auch für den Südwesten des damaligen Deutschen Reiches. Eine jüngst erschienene Untersuchung über die Funktionäre des Metallarbeter-Verbands im NS-Staat stieß auf eine ganze Reihe von Widerstandsaktivitäten von DMV-Funktionären, konzentrierte sich aber weitgehend auf Berlin, Mittel- und Ostdeutschland.[74]

Am wirksamsten scheinen nach bisherigem Stand der Forschung die Widerstandsaktivitäten der Gruppe um den DMV-Vorsitzenden Alwin Brandes, Max Urich, Willy Rößler, Richard Teichgräber, Heinrich Schliestedt und einige andere Funktionäre gewesen zu sein. Brandes war es gelungen, Schreibmaschinen und Vervielfältigungsgeräte aus der Berliner DMV-Zentrale vor dem Zugriff der Nazis zu retten. Die Gewerkschafter bauten nach der Zerschlagung des DMV ab Herbst 1933 ein vergleichsweise großes informelles Netz von Kontaktleuten aus dem früheren Verband auf, mit denen sie Nachrichten austauschten und die sie mithilfe der geretteten Geräte mit Flugblättern und anderen Schriften belieferten.[75]

---

74 Vgl. Mielke/Heinz, Funktionäre des Deutschen Metallarbeiterverbandes im NS-Staat (gesamt).

75 Vgl. ebd., S. 24ff. Schliestedt war bereits im Sommer 1934 ins tschechoslowakische Komotau geflohen und versuchte von dort aus, eine Auslandsvertretung deutscher Gewerkschaften und – mithilfe von Unterstützungsgeldern der internationalen Gewerkschaftsbewegung – konspirative Organisationsstrukturen innerhalb des Reiches aufzubauen.

Beispiele für Widerstand und Verfolgung:
Johann (Hans) Brümmer

Hans Brümmer war schon vor 1918 im DMV aktiv gewesen und hatte sich während des Ersten Weltkriegs auf die Seite der Gegner der Burgfriedenspolitik geschlagen. Während der Novemberrevolution gehörte Brümmer dem Arbeiter- und Soldatenrat in Karlsruhe an und wurde als Mitglied der vorläufigen badischen Volksregierung Minister für militärische Angelegenheiten. 1923 schloss sich Brümmer wieder der SPD an und vertrat die Sozialdemokratie 1925 bis 1928 im badischen Landtag. 1919 wurde er Bevollmächtigter des DMV in Mannheim, 1927 Mitglied der Bezirksleitung in der Region Stuttgart.

Hans Brümmer 1918...

Nach der Machtübernahme durch die Nationalsozialisten wurde Brümmer als einer der führenden südwestdeutschen DMV-Funktionäre am 15. Mai 1934 verhaftet und etwas später zu 15 Monaten Haft verurteilt. 1936 war er nochmals in einen Hochverratsprozess verwickelt.

In der Endphase des „Dritten Reichs" begann Brümmer die Fäden zu einer Reorganisation der Gewerkschaften zu ziehen und beteiligte sich maßgeblich an der Gründung des Gewerkschaftsbundes Württemberg-Baden am 31. Mai 1945. Die Gewerkschaft Metall Württemberg-Baden wählte ihn 1946 zu ihrem ersten Vorsitzenden. Nach dem Krieg erklärte Brümmer, dass er die schriftlichen und persönlichen Verbindungen in seinem früheren Wirkungskreis (Rhein-Pfalz und Württemberg) und darüber hinaus im ganzen Reichaufrecht erhalten habe, auch wenn diese Kontakte recht lose gewesen seien. [76]

... und nach dem Ende des NS-Regimes als gestandener Metall-Gewerkschafter

---

[76] Vgl. Siegfried Mielke/Stefan Heinz, Johann (Hans) Brümmer, in: Funktionäre des Deutschen Metallarbeiterverbandes im NS-Staat, S. 182–187, hier S. 186.

UNTERDRÜCKUNG
ZERSCHLAGUNG
VERFOLGUNG

Als beispielhaft für den sich häufig überlappenden parteipolitischen und gewerkschaftlichen Widerstand kann Willi Bleicher genannt werden, der spätere langjährige Bezirksleiter der IG Metall in Baden-Württemberg.

Beispiele für Widerstand und Verfolgung:
Willi Bleicher

Zunächst Mitglied der KPD, hatte sich Bleicher Anfang der 1930er-Jahre der oben schon erwähnten und im Stuttgarter DMV stark vertretenen KPO angeschlossen. Als Aktivist der KPO-Jugend sowie als Mitglied und vermutlich auch ehrenamtlicher Jugendfunktionär des DMV hatte er es in den frühen 1930er-Jahren zu einiger Bekanntheit in seinem lokalen Stuttgarter Umfeld gebracht.

Seit dem März 1933 hielt er sich in seiner Heimatstadt an ständig wechselnden Wohnsitzen auf. Wie viele Linke arbeitete er nun im engsten Zirkel gegen das Unrechtsregime, unter anderem war er an der Herstellung und Verteilung antifaschistischer Flugschriften beteiligt. Im Mai flüchtete er ins schweizerische Schaffhausen, weitere Etappen der Emigration in Frankreich und dem noch freien Saarland folgten, bevor er Anfang 1935 wieder nach Stuttgart zurückkehrte.

Bei einem Treffen ehemaliger Buchenwald-Häftlinge (rechts hinter Willi Bleicher ist Eugen Ochs zu sehen) begleitet ihn auch sein Sohn Gerhard.

Bleicher schloss sich nun der Widerstandsgruppe „Neckarland" an, von der zahlreiche Widerstandsaktionen in den Stuttgarter Neckarvororten ausgingen und in der er alte Mitstreiter aus seiner KPD-Zeit wiedertraf. Anfang 1936 flog die Gruppe auf. Im November 1938 verurteilte der erste Strafsenat des Oberlandesgerichts Stuttgart Bleicher wegen der „Vorbereitung eines hochverräterischen Unternehmens" zu zweieinhalb Jahren Haft. Anstatt jedoch nach Ablauf der Haftzeit wie gehofft entlassen zu werden, wurde er im Sommer zunächst in das Konzentrationslager Welzheim in der Nähe von Stuttgart eingeliefert und im Oktober 1938 ins KZ Buchenwald verschleppt.

Schließlich kam er, nachdem er als Mitorganisator einer Häftlingsfeier für den ermordeten KPD-Führer Ernst Thälmann schweren Folterungen ausgesetzt worden war, ins Gestapo-Gefängnis in Ichtershausen. Nicht genug damit, überlebte er in den letzten Kriegswochen nur mit knapper Not einen Todesmarsch der aus Ichtershausen in Richtung Erzgebirge getriebenen politischen Häftlinge, auf dem er einmal mehr den Tod vieler Kameraden mit ansehen musste.[77]

Ein paar Mal in seinem Leben ist Willi Bleicher der Erkenntnis gefolgt, wer etwas verändern wolle, sollte nicht alleine bleiben. So trat er als Jugendlicher in die KPD ein – mit der Partei und ihren Methoden überwarf er sich gänzlich, nicht aber mit dem Ziel einer solidarischen Gesellschaft ...

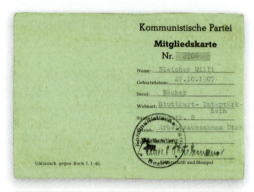

Als Überlebender des KZ-Terrors wurde Bleicher 1946 Mitglied im „Landesausschuss Württemberg-Baden der vom Naziregime politisch Verfolgten", der späteren VVN-BdA (Vereinigung der Verfolgten des Nazi-Regimes – Bund der Antifaschisten).

Und 1950 trat der gelernte Bäcker in die IG Metall ein – wo er ein wichtiger und, wie heute klar ist, legendärer Funktionär wurde. Willi Bleicher starb 1981 in Stuttgart.

---

77 Zum Leben Bleichers vgl. Hermann G. Abmayr, Wir brauchen kein Denkmal. Willi Bleicher: Der Arbeiterführer und seine Erben, Tübingen/Stuttgart 1992;
Rainer Fattmann, „Und wenn die Welt voll Teufel wär'", Willi Bleicher – ein konsequentes Leben für Menschenwürde und Gerechtigkeit, Ludwigsburg 2011

Widerstand in der totalitären Diktatur: Nach 1936

Auf die Konsolidierung der nationalsozialistischen Herrschaft und die Zerschlagung der illegalen Zellen und Gruppen 1935/36 reagierte „die Arbeiterbewegung zum Teil mit Resignation und Rückzug, zum Teil mit neuen Strategien und Konzepten sowie mit Veränderungen der Widerstandspraxis".[78]

In der zweiten Hälfte der 1930er-Jahre scheint sich die Mehrzahl der Arbeiter auch in Baden-Württemberg mehr oder minder mit den politischen und innerbetrieblichen Machtverhältnissen arrangiert zu haben. Ursächlich hierfür war ein vielschichtiges Bündel interner und externer Faktoren, die nach Michael Schneider zu einer „Atomisierung" der Arbeiterschaft und einer starken Ausrichtung der Beschäftigten auf ihre eigenen Belange führte.[79] Ein nicht zu unterschätzender Faktor hierfür stellte sicherlich auch der Aufbau eines ausgefeilten Überwachungs- und Spitzelsystems in den Betrieben dar, welches oppositionelles Handeln oder auch nur die Äußerung abweichender Meinungen zunehmend unterband. Werkschutzeinheiten unter der Leitung sogenannter „Abwehrbeauftragter" arbeiteten aufs Engste mit den staatlichen „Sicherheitsorganen" (SD und SS) zusammen, um jede Form der „Disziplinlosigkeit" schon im Keim zu ersticken.[80]

Georg Lechleiter

Ein organisatorisch verfestigter, überregional aktiver gewerkschaftlicher Widerstand ging im Süden und Südwesten des Reiches nach 1936 nach heutigem Kenntnisstand wohl vor allem von einer Gruppe Transport- und Telegraphenarbeiter um den früheren Stuttgarter Bezirksleiter des Eisenbahnerverbandes, Karl Molt, aus. Ihre Flugblatt- und Aufklärungsaktionen wurden tatkräftig von der Internationalen Transportarbeiterföderation in Amsterdam und ihrem Generalsekretär Edo Fimmen unterstützt. Aber auch die Molt-Gruppe wurde 1938 weitgehend zerschlagen.[81]

---

78 Schneider.
79 Vgl. hierzu ausführlich Schneider, Unterm Hakenkreuz, S. 717-735.
80 Vgl. Roth, Der Weg, S. 148f.
81 Vgl. hierzu Helmut Esters/Hans Pelger/Alexandra Schlingensiepen, Gewerkschafter im Widerstand, Bonn 1983, S. 77-84.

UNTERDRÜCKUNG
ZERSCHLAGUNG
VERFOLGUNG

Die Mannheimer Druckschrift „Der Vorbote" richtete sich an Beschäftigte in den großen Fabriken der Region.

Nach Kriegsausbruch konnte dann bereits der Vorwurf der Sabotage die direkte Einweisung in ein Konzentrationslager zur Folge haben. Der blutige Terror gegen organisierte Widerstandsversuche zeigte sich beispielhaft in Mannheim auf barbarische Art: Hier hatte eine Gruppe kommunistischer und sozialdemokratischer Widerstandskämpfer um den ehemaligen badischen KPD-Bezirkssekretär Georg Lechleiter vom September 1941 an unter dem Titel „Der Vorbote, Informationsschrift gegen den Hitlerfaschismus" in Mannheim und Heidelberg eine Druckschrift gegen das NS-Regime herausgegeben und unter der Arbeiterschaft verbreitet.

Trotz größter Vorsichtsmaßnahmen wurde die Gruppe schon im Februar 1942 von der Gestapo zerschlagen. In einem wahren Blutrausch verurteilte der 2. Senat des Volksgerichtshofes am 15. Mai 1942 14 Mitglieder der Gruppe zum Tode, darunter Lechleiter selbst und Käthe Seitz, die einzige Frau innerhalb des Widerstandszirkels, ihren Mann Alfred und ihren Vater Philipp Brunnemer.[82]

Mit Todesurteilen gegen Gewerkschafterinnen und Gewerkschafter, gegen Mitglieder von SPD und KPD versuchte das NS-Regime, seine Macht zu festigen, als andere Gruppen kritischer Menschen sich noch nicht für den aktiven Widerstand entschieden hatten.

---

82 Vgl. das Urteil des 2. Senats des Volkgerichtshofes gegen Mitglieder der Widerstandsgruppe Lechleiter in Mannheim und Heidelberg (Auszug), 15. Mai 1942, in: IG Metall, VSt. Heidelberg (Hg.), Damit nichts bleibt wie es ist. Dokumente zur Geschichte der Arbeiterbewegung in Heidelberg 1845–1949, bearbeitet von Peter Merz, Heidelberg 1986, S. 233–243. Vgl. auch den bewegenden Abschiedsbrief von Käthe Seitz an ihre Tochter vom 6. September 1942 (ebd., S. 246f.).

UNTERDRÜCKUNG
ZERSCHLAGUNG
VERFOLGUNG

Tausende leisteten Widerstand

Obwohl das NS-Regime seinen Terrorapparat systematisch ausbaute, gelang es ihm gerade in Hinblick auf die Arbeiterschaft niemals vollständig, oppositionelles und widerständiges Handeln zu unterdrücken. Bei Kriegsbeginn betrug die Zahl der „politischen" Häftlinge in den Konzentrationslagern schon 25.000 Männer und Frauen, im März 1942 dann sogar knapp 100.000. Die Mehrzahl von ihnen war wegen illegaler „sozialistischer" Tätigkeit festgenommen worden. Bis Kriegsende bezahlten etwa 25.000 Menschen ihren Widerstand gegen die Nazibarbarei mit dem Tode.[83]

Vor einem Wachturm versammelten sich im April 1945, einige Wochen nach der Befreiung des Lagers, ehemalige Buchenwald-Häftlinge aus Württemberg; unter ihnen Ludwig Becker (Mitte), von 1952 bis 1959 Bezirksleiter der IG Metall Baden-Württemberg.

83 Angaben nach Manfred Funke, Gewerkschaften und Widerstand. Zwischen Ausharren und Orientierung auf die Zukunft, in: Richard Albrecht u. a. (Hg.), Widerstand und Exil 1933–1985, Frankfurt am Main 1986, S. 60–75, hier S. 66; vgl. auch Schneider, Kleine Geschichte, S. 244.

Aalen

Eindrücke aus Stadt und Land: Saalschlachten und Solidarität

Am 24. Februar 1932 verteilten in Aalen arbeitslose SA-Männer grüne Handzettel, die für den Nachmittag zu einer „Erwerbslosenversammlung" im „Löwenkeller" einluden. Es kam dabei zu Zwischenfällen. Kommunisten unter Führung von KPD-Stadtrat Wießner entrissen ihnen die Flugblätter. Als SA-Führer Fridolin Schmid dazwischenfuhr, schlug ihm Wießner ins Gesicht und schrie: „Wart, Dir wollen wir's Untermenschentum zeigen!" [1]

Bei der Versammlung selbst waren die Straßen zum „Löwenkeller" von den Linken gesäumt. „Die schiefsitzende Mütze saß auf dem Kopf wie festgewachsen, im Mundwinkel hing der Zigarettenstummel", vermeldet ein zeitgenössischer Bericht. Der Saal war von Kommunisten und Angehörigen der Eisernen Front reichlich durchsetzt; sie waren entschlossen, die Veranstaltung zu sprengen. NS-Ortsgruppenleiter Karl Barth forderte vergeblich auf, Ruhe zu bewahren. Unter den Protestrufen seiner Gegner kam der Referent Dr. Glauner nicht mehr zu Wort. Die Versammlung löste sich auf, und die „Roten" inszenierten auf den Straßen bis zum Marktplatz eine Gegendemonstration. Wie nachher von Anhängern der SPD erzählt wurde, hatte Polizeirat Friedrich Schwäble einige seiner Polizisten auf der Bühne des Löwenkellersaales hinter den Kulissen postiert, um einer drohenden Saalschlacht zu begegnen. Das große Polizeiaufgebot forderte anschließend die Demonstranten auf dem Marktplatz ultimativ auf, auseinanderzugehen, was dann auf Weisung der Eisernen Front auch nach und nach befolgt wurde.

Der Verlauf dieser Erwerbslosenversammlung setzte ein deutliches Sturmsignal. „Was dem Kommunistenschwanz in Aalen vorbeigelungen war" so urteilte der NS-Chronist Karl Mutschler, „sollte am folgenden Tag, dem 25. Februar 1932, in Fachsenfeld mit Erfolg getätigt werden!" Ja, die „Saalschlacht in Fachsenfeld" markierte einen Höhepunkt der gewalttätigen Zusammenstöße im regionalen Kampf um die Macht. Die Nationalsozialisten hatten ein Flugblatt verteilt, welches die organisierte Arbeiterschaft in größte Erregung versetzte. Ein kleines Stück rosafarbenes Seidenpapier trug den handgeschriebenen und vervielfältigten Text: „Öffentliche Versammlung. Am 25. Februar, 8 Uhr, spricht in Fachsenfeld im ‚Rößle' Dr. Glauner über ‚Irrlehren des Marxismus'. Freie Aussprache!"

In der oberen Hälfte des Blattes sah man einen niedersausenden Hammer, im Begriff, den fünfzackigen Sowjetstern zu zerschlagen; daneben die Worte „Der Marxismus sterbe!« Der untere Teil zeigte das Hoheitszeichen der NSDAP, den Adler über dem Hakenkreuz, und die Worte „Der Nationalsozialismus lebe!"

---

1 Alle Informationen aus Karlheinz Bauer, *Vorwärts ist die große Losung*, Heilbronn 1991.

Aalen

Einem Bericht aus den Reihen der Nazi-Gegner zufolge spielte sich die Veranstaltung dann wie folgt ab: *„Nach den Erfahrungen der vorausgegangenen Tage waren die Nazis vorsichtiger und hatten die Nazipartei und SA aus Heidenheim angefordert, was aber durch unsere Gewährsmänner in der Aalener SA rechtzeitig bekannt wurde, so dass die aus Heidenheim ankommenden SA-Abteilungen, deren Lastwagen durch Hakenkreuzfahnen kenntlich waren, von politischen Gegnern schon auf der Straße zwischen Aalen und Fachsenfeld unsanft empfangen und begleitet wurden. Im Versammlungslokal selbst entstand nachher Sachschaden am Ofen, an Möbeln und Beleuchtungskörpern. Dank einer Anweisung der obersten Reichsbannerleitung und strenger Strafandrohung durch die Justiz kamen bei diesen Auseinandersetzungen Menschen nur geringfügig zu Schaden."*

Zeitungsanzeige von Februar 1933: Wenn der junge SPD-Abgeordnete Kurt Schumacher spricht (nach dem Zweiten Weltkrieg war er Bundesvorsitzender der SPD), galt: „Nazis haben keinen Zutritt"

Gewerkschafter des Deutschen Metallarbeiter-Verbands (DMV) waren wichtige Stützen des politischen Widerstands im damaligen Kreis Aalen – auch abseits der Kreisstadt; vielfach verband sie auch die Mitgliedschaft in der SPD. Eine besonders treue Kerntruppe bestand in Hofherrnweiler, ein Wohnplatz, der vor 1933 „die zuverlässigste Hochburg der SPD im Kreis Aalen" war. Dort lebten vorwiegend Industriearbeiter, die in Aalen und Wasseralfingen ihre Arbeitsplätze hatten. Ein Zeitzeuge schrieb dazu: „In Hofherrnweiler waren unsere Genossen immer solidarisch, so dass sich die Nazis nicht getrauten, auch nur eine Versammlung abzuhalten."

Ähnlich war es auch in Unterkochen, wo die Werkmeister Welz, Bledl und Herdeg sowie Genosse Wiedmann dem Reichsbanner angehörten; Albert Amerein hielt die Beziehungen zwischen Gewerkschaft und SPD aktiv aufrecht. In Wasseralfingen bestand ebenfalls ein reges Parteileben, das hauptsächlich die Arbeiter der Schwäbischen Hüttenwerke und der Maschinenfabrik Alfing trugen.

Nach Kräften unterstützten sich die sozialdemokratisch orientierten Kolleginnen und Kollegen gegenseitig. Dies galt auch, wenn in den Dörfern der Umgebung, etwa vor Wahlen, SPD-Redner auftraten. Für viele Mitglieder war es selbstverständlich, dass sie zu Fuß oder mit dem Fahrrad solche Versammlungen besuchten und mittrugen. Manchmal kam es dann vor, dass ihnen der auswärtige Referent Bier und Brot bezahlte, was in einer Zeit schlechter Wirtschaftslage und vieler Arbeitsloser dankbar angenommen wurde.

Aalen

Gewerkschafter Opfer der Verhaftungswelle

Der Aalener Gewerkschaftssekretär Karl Mikeler fand sich in einer stattlichen Reihe von Männern und Frauen wieder, die den Nazis verdächtig waren: Am 11. März meldete die „Kocher-Zeitung" die ersten Verhaftungen in Aalen. Sieben Funktionäre und eine Funktionärin der KPD wurden in „Schutzhaft" genommen. Sie wurden in Postomnibussen in das Konzentrationslager Heuberg gebracht, ein Lager, das auf dem ehemaligen Truppenübungsplatz Heuberg bei Stetten am Kalten Markt errichtet worden war. Am 20. März folgte eine weitere große Verhaftungswelle. In Aalen, Hofherrnweiler, Wasseralfingen und Unterkochen, aber auch in einigen Außengemeinden wurden etwa 100 Personen festgenommen. Es waren hauptsächlich Kommunisten, Sozialdemokraten und Gewerkschaftsführer – um einen Eindruck von der Menge dieser Menschen zu geben, führen wir hier unten die Namen der 177 Frauen und Männer auf, die im damaligen Kreis Aalen verhaftet wurden.[1]

Zu dieser Razzia schrieb die „Kocher-Zeitung": *„Die Verhaftungen erfolgten teils, um das Leben von verschiedenen Personen zu schützen, zum Teil, weil die öffentliche Ruhe und Ordnung gefährdet schien, und im Interesse der Staatsautorität."* Es hieß ferner, *„die Schutzhaft soll keine Strafe, aber auch kein reines Sommervergnügen sein"*. Schon lange vorher waren die aktiven Kräfte der Linken durch SA und sonstige Spitzel registriert worden. Die Verhaftungen selbst geschahen meist mitten in der Nacht, um kein öffentliches Aufsehen zu erregen. Die Betroffenen wurden durch Polizei, Landjäger sowie Mitglieder von SA und Stahlhelm aus den Betten geholt. Die Häuser waren während der Aktion von den Schergen des Faschismus umstellt und regelrecht umlagert.

Gleichzeitig wurden die Wohnungen der Verhafteten, ebenso die Büroräume der SPD und der Gewerkschaften, durchsucht und alle dem Nationalsozialismus nicht genehmen Schriften beschlagnahmt und verbrannt. Das Naturfreundehaus am Braunenberg und das Waldheim im Rohrwang, das dem Arbeiterturnverein „Jahn" gehörte, wurden polizeilich beschlagnahmt und den „nationalen Verbänden" übergeben.

Dass es Konzentrationslager gab, sollte jeder wissen – die Nazis informierten gezielt über regionale Lager, aber auch über Dachau, wo Platz für 5.000 „Politische" sei – Einschüchterung pur.

Karl Altmann, Pfahlheim
Otto Amerein, Unterkochen
Karl Balluff, Aalen
Erwin Bauer, Aalen
JohannBetzler, Oberkochen
Georg Bihlmayer, Ohmenheim
Jakob Borst, Ellwangen

Karl Borst, Unterrombach
Josef Brenner, Aalen
Georg Bullinger, Unterkochen
August Cyron, Wasseralfingen
Georg Diebold, Hofherrnweiler
Karl Diebold, Aalen
Johann Dittrich, Westhausen

---

1 Alle Informationen aus Karlheinz Bauer: Vorwärts ist die große Losung, Heilbronn 1991

Aalen

Josef Dörrer, Aalen
Rudi Dubrow, Dorfmerkingen
Johann Eberhardt, Unterrombach
Reinhold Ebertin, Aalen
Karl-Heinz Eckart, Ellwangen
Johannes Eisenmann, Pommertsweiler
Alfred Endle, Aalen
Hermann Endruhn, Aalen
Franz Englert, , Wasseralfingen
Eduard Fabritz, Aalen
Friedrich Feder, Kirchheim am Ries
Therese Feile, Unterbronnen
Ludwig Fischer, Aalen
Erwin Frei, WasseraHingen
Dr. Franz Frick, Ellwangen
Max Fuchs, Wasseralfingen
Emil Funk, Wasseralfingen
Eugen Funk, Wasseralfingen
Josef Funk, Wasseralfingen
Moritz Gentner, Zöbingen
Gebhard Glaser, Reichenbach
Sophie Goerlich, Pommertsweiler
Ernst Götting, Aalen
Alfred Göttlicher, Ellwangen
Otto Götz, Aalen
Rudolf Goggele, Wasseralfingen
Ludwig Grammling, Ellwangen
Christoph Griesheimer, Aalen
Lony Grimm, Aalen
August Grötzbach, Aalen
Michael Grundler, Aalen
Emil Gudat, Unterkochen
Rosalia Haas, Ellwangen
Josef Hägele, Abtsgmünd
Hermann Hähnle, Aalen
Johann Hämmerer, Hofherrnweiler
Karl Hartmann, Ellwangen
Fritz Heim, Hofherrnweiler
Johann Henne, Unterrombach
Wilhelm Henne, Oberkochen
Anton Herdeg, Unterkochen

August Hirsch, Aalen
Karl Hirsch, Hofherrnweiler
Johannes Hönle, Unterschneidheim
Josef Hofmann, Aalen
Adolf Holz, Hofherrnweiler
Christian Holz, Hofherrnweiler
Erwin Holz, Hofherrnweiler
Georg Holz, Hofherrnweiler
Hermann Holz, Aalen
Ottilie Holz, Aalen
Karl Honold, Unterkochen
Willi Hübner, Unterkochen
Gustav Huth, Aalen
Karl Ilg, Aalen
Franz Jarkovsky, Aalen
Anton Joas, Wasseralfingen
Christian Joas, Wasseralfingen
Josef Joas, Aalen
Wilhelm Joas, Aalen
Jakob Jooß Oberkochen
Hans Kauffmann, Aalen
Max Kauffmann, Bopfingen
Simon Keller, Aalen
Paul Kling, Oberdorf
Erich Klose, Aalen
Friedrich Kober, Utzmernmingen
Richard Kochendorfer, Oberkochen
Franz Köhler, Rosenberg
Christiane Kommerell, Wasseralfingen
Wilhelm Kommerell, Wasseralfingen
Wilhelm Kopp, Wasseralfingen
Karl Krauss, Wasseralfingen
Josef Kruger, Aalen
Emil Kübler, Aalen
Rudolf Kunze, Aalen
Franz Kurz, Aalen
Friedrich Kurz, Wasseralfingen
Karl Laib, Oberdorf
Christian Märkle, Unterrombach
Josef März, Ellwangen
Friedrich Mäule, Ellwangen

Aalen

Jakob Maier, Hofherrnweiler
Josef Maier, Baiershofen
Paul Maier, Ellwangen
Maria Mangold, Hohenstadt
Franz Marterer, Aalen
Georg Mergenthaler, Aalen
Georg Merz, Aalen
Paul Merz, Aalen
Franz Metz, Aalen
Josef Michel, Geislingen
Kurt Michels, Ellwangen
Karl Mikeler, Aalen
Anton Müller, Trochtelfingen
Gustav Müller, Trochtelfingen
Wilhelm Müllner, Hofherrnweiler
Georg Munz, Wasseralfingen
Josef Nagel, Ellwangen
Anselm Neher, Hohenstadt
Josef Offner, Oberdorf
Johann Orth, Aalen
Gertrud Ott, Adelmannsfelden
Paul Ott, Adelmannsfelden
Aloisia Pendelin, Utzmemmingen
Anton Peter, Wasseralfingen
Franz Peter, Aalen
Alois Pfitzer, Schwenningen
Timofei Ploschnik, Aalen
Adolf Pösselt, Wasseralfingen
August Raab, Ellwangen
Sebastian Rauneker, Aalen
Anton Renner, Neresheim
Adolf Rietzler, Aalen
Otto Sass, Neuler
Otto Sauter, Aalen
Franz Seidl, Aalen
Josef Siek, Aalen
Karl Spohn, Pommertsweiler
Stefan Schäfer, Ellwangen
Georg Scheurle, Essingen
Karl Schiele, Hofherrnweiler
Hermann Schillinger, Hofherrnweiler

Franz Xaver Schmid, Laubach
Karl Schmid, Oberkochen
Richard Schmid, Aalen
Florian Schneider, Aalen
Johannes Schneider, Aalen
Anton Schnobrich, Itzlingen
Richard Scholz, Baldern
Josef Schultes, Waldhausen
Johann Schuran, Aalen
Viktor Stäbler, Jagstzell
Richard Stanzel, Westhausen-Reichenbach
Wilhelm Stegmaier, Aalen
Johannes Stelzte, Nordhausen
Josef Thau, Aalen
Adam Vogt, Wasseralfingen
Karl Vogt, Wasseralfingen
Kaspar Vogt, Wasseralfingen
Leopold Vrzala, Aalen
Karl Wagenblast, Himmlingsweiler
Eugen Wahl, Aalen
Heinrich Wahl, Aalen
Egon Waldenfels, Aalen
Konrad Waldenmaier, Ellwangen
Georg Walter, Unterrombach
Hermann Wanke, Trochtelfingen
Pius Weber, Ohmenheim
Dr. Oskar Weinelt, Ellwangen
Josef Weiß, Ellenberg-Schweizerhof
Adolf Weitmann, Aalen
Erwin Weitmann, Aalen
Heinrich Weng, Aalen
Christian Wichtermann, Aalen
Rudolf Wille, Pfahlheim
Engelbert Willerscheidt, Ellwangen
Bernhard Winkler, Aalen
Jakob Winkler, Hofherrnweiler
Alexander Wittig, Aalen
Georg Wörle, Aalen
Konrad Wolf, Aalen
Georg Wolfmaier, Hofherrnweiler

(Albstadt-) Ebingen

Hans Schaudt aus Ebingen – durch Willkür im KZ

Ebingen (heute ein Teilort von Albstadt) gehört zu den Orten, die vor der Zerschlagung der Gewerkschaften durch die Nazis im Frühjahr 1933 einen eigenen Eintrag im Adressverzeichnis des Deutschen Metallarbeiter-Verbands (DMV) hatten. Beispielsweise gehörte, umgeben von Textilindustrie, die Firma „Theodor Groz & Söhne" (heute Groz-Beckert) zur Metall-Industrie – dank der Herstellung von Nadeln für die Textilien-Verarbeitung.

Der DMV taucht in den Unterlagen der Zeit selten eigenständig auf. In Zeitungsanzeigen zu Veranstaltungen laden meistens die „Vereinigten Gewerkschaften" ein – häufig im Verbund mit der SPD (beispielsweise zu Weihnachtsfeiern und Mai-Kundgebungen). Aus den historischen Dokumenten geht nicht hervor, welche Gewerkschaften darin zusammengefasst waren.

Als Bevollmächtigten und gleichzeitig auch Kassierer führt die DMV-Liste von 1933 Hans Schaudt auf. Dieser lebte von 1887 bis 1974. Laut Einwohnermeldekarte war der gelernte Mechaniker seit 1922 von den Vereinigten Gewerkschaften als Sekretär eingestellt. Das Büro war offensichtlich in der Eberhardstraße 1; allem Anschein nach in gemieteten Räumen.

Hans Schaudt war für die SPD während der gesamten Zeit der Weimarer Republik im Ebinger Gemeinderat – 14 Jahre von 1919 bis 1933, als die Nazis auch die Gemeinderäte „gleichschalteten". Im März 1933 wurde er verhaftet und wie viele SPD- und KPD-Mitglieder in das KZ auf dem Heuberg verbracht. Am Ostersamstag 1933 wurde er mit anderen wieder entlassen, Ende Mai 1933 jedoch wieder verhaftet – wie lange er hier in Haft bleiben musste, ist bisher nicht bekannt.

Im November 1945 wurde er in das Gemeinderats-Komitee berufen, im Jahr darauf bei der ersten Nachkriegs-Wahl wieder in den Gemeinderat gewählt. 1959 wurde er letztmals auf sechs Jahre gewählt.

jof / Dorothea Reuter, Stadtarchiv Albstadt

Freiburg

Das Freiburger Gewerkschaftshaus in der damaligen Schwabentorstraße 2 – eine gemeinsame Adresse mit der Staatsbrauerei Rothaus

Freiburger Gewerkschafter im Gemeinderat – verhaftet und verfolgt

Peter Kappes (1889-1960) • Seit 1926 war der gelernte Buchdrucker und Gewerkschaftler Peter Kappes für die SPD Mitglied des Freiburger Bürgerausschusses, bevor ihn die Nationalsozialisten nach dem Reichstagsbrand 1933 verhafteten. Wie die anderen Mandatsträger seiner Partei verzichtete er am 29. Mai 1933 auf seinen Stadtverordnetensitz. Nach dem Kriege war er stellvertretender Leiter des Arbeitsamts und Abteilungsleiter im Arbeitsministerium sowie von 1946 bis zu seinem Tode wieder Mitglied des Stadtrats.[1]

Reinhold Zumtobel (1878-1953) • Der Fabrikarbeiter Reinhold Zumtobel aus Hausen im Wiesental brachte es in Freiburg zum Chefredakteur der „Volkswacht". Seit 1919 saß Zumtobel, der sich auch in der Gewerkschaftsbewegung engagierte, für die SPD im Stadtrat. Wie die anderen Mandatsträger der SPD wurde er nach dem Reichstagsbrand 1933 verhaftet. Seine Zeitung wurde verboten. Er verlor sein Mandat bei der Gleichschaltung, blieb aber als Regimegegner im Visier der Nationalsozialisten und wurde im Zusammenhang mit dem Hitlerattentat am 20. Juli 1944 verhaftet.[2]

---

1 *www.freiburg.de > Stadtgeschichte > Stadtrat in der NS-Zeit.*
2 *Ebenda.*

Freiburg

Freiburger Gewerkschaftshaus – überfallen, durchsucht, beschlagnahmt

Von der Vielfalt, die im Freiburger Gewerkschaftshaus ursprünglich herrschte, gibt der nebenstehende Auszug aus dem Adressbuch von 1933 einen Eindruck. Auf die Gleichschaltungsaktionen vom Mai warteten die südbadischen Nazis nicht: Am 7. März 1933 wurde das Haus von Nazi-Einheiten nach Waffen durchsucht und zwei Tage später geschlossen.[1]

Nach der Machtübernahme dekorierten die Nazis das Haus mit dem Emblem ihres „Nationalsozialistischen Betriebs-Organisation" und pressten ihm den Namen des „Deutsche Arbeitsfront"-Bezirksleiters auf: „Fritz-Plattner-Haus". Am 30. September 1933 wurde es pompös unter neuer Herrschaft eingeweiht.

1942 diente das Haus auch als Behelfslager für Zwangsarbeiter.[2]

---

[1] Geschichte der Stadt Freiburg im Breisgau. Band 3. Hg. von Heiko Haumann und Hans Schadek. 2. Auflage Stuttgart 2001. Band 3, S. 303.

[2] Bernd Spitzmüller: „.... aber das Leben war unvorstellbar schwer." Die Geschichte der Zwangsarbeiter und Zwangsarbeiterinnen in Freiburg während des Zweiten Weltkrieges. Freiburg 2004. S. 67.

BLICK ZURÜCK:
HISTORISCHE
DOKUMENTE

Knüppeldicke Propaganda (oben) und faustdicke Rechtsbrüche kennzeichneten das Nazi-Regime.

Rundschreiben von Robert Ley (Reichsleiter der NSDAP und Leiter des Einheitsverbands „Deutsche Arbeitsfront") betreffend die „Gleichschaltungsaktion" gegen die freien Gewerkschaften (Auszug), vom 21. April 1933[1]

Dienstag, den 2. Mai 1933, vormittags, 10 Uhr beginnt die Gleichschaltungsaktion gegen die freien Gewerkschaften. […]

Im Wesentlichen richtet sich die Aktion gegen den Allgemeinen Deutschen Gewerkschaftsbund (ADGB) und den Allgemeinen freien Angestelltenbund (AfA-Bund). Was darüber hinaus von den freien Gewerkschaften abhängig ist, ist dem Ermessen der Gauleiter anheimgestellt. Verantwortlich für die Durchführung der Gleichschaltungsaktion in den einzelnen Gebieten sind die Gauleiter. Träger der Aktion soll die NSBO sein. SA bzw. SS ist zur Besetzung der Gewerkschaftshäuser und der Inschutzhaftnahme der in Frage kommenden Persönlichkeiten einzusetzen.

Als der Terror begann:

Nazi-Handbuch für den Staatsstreich von innen ...

Der Gauleiter trifft seine Maßnahmen im engsten Einvernehmen mit dem zuständigen Gaubetriebszellenleiter. Die Aktion in Berlin wird durch den Aktionsausschuß selbst geleitet. Im Reich werden besetzt: Die Leitung der Verbände; die Gewerkschaftshäuser und Büros der freien Gewerkschaften; die Parteihäuser der SPD, soweit Gewerkschaften dort untergebracht sind; die Filialen und Zahlungsstellen der „Bank der Arbeiter, An-

---

1   Willy Müller: Das soziale Leben in Deutschland, Berlin 1938, S. 51 f.

gestellten und Beamten AG"; die Bezirksausschüsse des ADGB und des AfA-Bundes; die Ortsausschüsse des ADGB und des AfA-Bundes.

In Schutzhaft werden genommen: alle Verbandsvorsitzenden; die Bezirkssekretäre und die der Filialen der „Bank der Arbeiter, Angestellten und Beamten AG". Die Ortsausschussvorsitzenden sowie die Angestellten der Verbände sind nicht in Schutzhaft zu nehmen, sondern zur Weiterarbeit zu veranlassen. Ausnahmen sind nur mit Genehmigung des Gauleiters zulässig.

Die Übernahme der freien Gewerkschaften muss in der Form vor sich gehen, dass dem Arbeiter und Angestellten das Gefühl gegeben wird, dass diese Aktion sich nicht gegen ihn, sondern gegen ein überaltertes und mit den Interessen der deutschen Nation nicht übereinstimmendes System richtet. Die vorläufige örtliche Leitung des ADGB und des AfA-Bundes übernimmt ein Kommissar der NSBO. Der Verkehr mit den Behörden und anderen Organisationen geht mit sofortiger Wirkung auf die eingesetzten Kommissare über.

Alle Kassen und Konten der freien Gewerkschaften werden mit sofortiger Wirkung gesperrt bis Donnerstag, nachmittags, 18 Uhr. Soweit die bisherigen Kassierer im Amt gelassen werden, wird ihnen ein Kommissar beigegeben beziehungsweise übergeordnet. Alle Zahlungsanweisungen müssen von dem Kommissar gegengezeichnet sein. Nach Aufhebung der Sperre müssen die gewohnten Auszahlungen an Unterstützungen und so weiter unbedingt sichergestellt sein, um bei den Mitgliedern keine Beunruhigung aufkommen zu lassen.

... einschließlich Tipps zum Einlullen der Bevölkerung
(hier zur Hervorhebung nachträglich farbig markiert)

In allen Städten sind möglichst bald Massenversammlungen für die Gewerkschaftsmitglieder bei freiem Eintritt zu veranstalten, in denen über den Sinn der Aktion gesprochen und dargetan wird, dass die Rechte der Arbeiter und Angestellten unbedingt gewahrt werden ... Die übrigen einzusetzenden Kommissare werden vom Gauleiter im Einvernehmen mit dem Gaubetriebszellenleiter ernannt. Es ist selbstverständlich, dass die Aktion in größter Disziplin vor sich zu gehen hat. Die Gauleiter sind dafür verantwortlich, dass sie die Leitung der Aktion fest in der Hand behalten.

Freiburg

Bericht des Vorsitzenden der Metallarbeitergewerkschaft Freiburgs, Eduard Spindler, über den Stand des Wiederaufbaus der Gewerkschaften in Baden, Oktober 1946[1]

Wenige Tage nach dem Einmarsch der französischen Truppen in Freiburg im Breisgau traten einige frühere Kollegen der Gewerkschaften zusammen, um zu den nun schwebenden Tagesfragen Stellung zu nehmen und mit dem Befehlshaber der französischen Truppen in Fühlung beziehungsweise in Verhandlungen zu treten. Zusammenkünfte aller Art waren untersagt, trotzdem aber wurden unsererseits alle Vorbereitungen getroffen, um im Falle der Erlaubniserteilung unsere Leute bei der Hand zu haben.

Als der Terror vorüber war:

Schwieriger Weg zum zivilen, zivilisierten Leben

Die erste Bildung bestand aus antifaschistischen Aufbaugruppen, die sich aus Sozialdemokraten, Kommunisten und Gewerkschaftern zusammensetzten, denen sich später auch Anhänger und Mitglieder der ehemaligen Zentrumspartei anschlossen. Diesen Aufbaugruppen oblag die schwierige Aufgabe, aus dem Chaos der Übergangszeit das Bestmöglichste für die Bevölkerung der Stadt bezüglich der Lebensmittelversorgung, der Wohnfrage, der Ruhe und Ordnung, der Wiederingangsetzung der lebenswichtigen Betriebe, der Krankenversorgung und dergleichen zu tun, und es war für uns in der damaligen Zeit keine leichte Arbeit.

Nach wochen- und monatelanger unermüdlicher Arbeit konnten wir dann dazu übergehen, feste Gebilde zu schaffen. Aus den Aufbaugruppen entstand eine antifaschistische Arbeitsgemeinschaft, dann die Arbeiterwohlfahrt und die ersten Vorkehrungen für die neu zu gründenden Gewerkschaften. Nach dem Vorbild der Aachener Beschlüsse gingen auch wir Gewerkschafter dazu über, in den in der Zwischenzeit in Gang gesetzten Betrieben die Mitglieder zu werben. In sehr mühseliger Kleinarbeit ohne jegliche Mittel, ohne jegliches Material, denn alles was einst den Gewerkschaften gehörte und der Naziorganisation der Deutschen Arbeitsfront zur Verfügung stand, war verschwunden und von diesem Verbrecherpack verschoben oder vernichtet worden. Kein Federhalter, kein Bleistift war mehr vorhanden, alles musste neu beschafft und gespendet werden [...].

Die gegründeten Gewerkschaften haben sich nun zu Ortsausschüssen zusammengeschlossen und bilden nun den Ortsausschuß der Freien Gewerkschaften. Die Gewerkschaften zählen zur Zeit in der französisch besetzten Zone Südbadens ungefähr 26 000 Mitglieder, davon entfallen für Freiburg ca. 6 000 Mitglieder. (Zahlen sind noch unvollständig, da genaue Unterlagen noch ausstehen).

---

1 DGB Freiburg: Dokumente zur Geschichte der Gewerkschaft im DGB-Kreis Freiburg 1945-1949, II.

Freiburg

[...] Die wirtschaftliche Ankurbelung läßt sehr viel zu wünschen übrig. Das Fehlen von Rohmaterial, von Brennstoff, Baustoffen und der Rohmaterialien auf allen Gebieten macht sich sehr stark bemerkbar. Hinzu kommt das Fehlen von Verkehrsfahrzeugen, und vor allen Dingen ist für die Wirtschaft äußerst beeinträchtigend die strenge Zonenabsperrung. [...] In wirtschaftspolitischer Beziehung können wir sagen, dass wir in dieser Beziehung zufrieden sein können. Ist es uns doch gelungen, durch unsere Aktivität das badische Arbeitsministerium, das Wirtschaftsministerium, das Landesarbeitsamt und den politischen Arbeitseinsatz von unseren Kollegen zu besetzen. Auch örtlich sind eine Reihe von maßgebenden Posten in unserem Besitz. Zur Zeit sind wir nun dabei, die Industrie- und Handelskammer, die Handwerkskammer und die Innungen paritätisch zu besetzen, obwohl wir hier noch einige Schwierigkeiten zu überwinden haben. Aber wir hoffen, den Widerstand der Arbeitgeber auch in dieser Frage brechen zu können.

[...] Was in zwölfjähriger verbrecherischer und verantwortungsloser Raubbauwirtschaft vernichtet wurde, kann selbstverständlich nicht in 18 Monaten wiederaufgebaut werden. Hierzu kommt, dass wir als Antifaschisten und Antimilitaristen in vielen Beziehungen bei der französischen Besatzungsbehörde wenig oder gar kein Verständnis finden. [...]

Bezüglich der Entnazifizierung das gleiche Lied! Während wir, die Gewerkschaften und Linksparteien, uns die größte Mühe geben, die städtischen und staatlichen Behörden mit einwandfreien und politisch nicht belasteten Gegnern der Nazibewegung zu besetzen sowie die Wirtschaft von nazistischen Elementen zu säubern, stellen sich sehr oft französische Dienststellen vor belastete Elemente und nehmen sie in Schutz. In den meisten Fällen sind Offiziere der Besatzung bei belasteten Nazis in Wohnung und unterstützen dieselben mit allen Dingen des täglichen Lebens. An Lebens- und Genußmitteln, an Feuerzeug, Gas und Strom, an Wohnungseinschränkung und all den üblichen Dingen, worunter der größte Teil der Bevölkerung zu leiden hat, haben diese Herrschaften noch keine Not gelitten; und oft taucht in den Reihen unserer standhaften Kameraden die ernsthafte Frage auf, ob denn unser Kampf um den Aus- und Aufbau eines wirklich demokratischen Staates einen Zweck hat, wenn in dieser Beziehung das Gegenteil erreicht wird.

Was uns zu dieser Klage treibt, ist nicht blinde Rache, sondern nur die gerechte Forderung, die belasteten Elemente zum Wiederaufbau des durch ihre Mitschuld in das furchtbare Unglück geführte Land heranzuziehen. Hoffen wir, dass durch die baldige Genehmigung einer Zivilregierung diesem Mißstand ein Ende bereitet wird und der Glaube an eine wahre Demokratie wieder mehr Achtung gewinnt.

[...]

Heidelberg

Nazis zerstören vor dem besetzten Heidelberger Gewerkschaftshaus Unterlagen und Fahnen – Zeitungsbild von 1933.

Ich hab die Freiheit in Heidelberg verloren

Direkt gegenüber der Polizeidirektion befand sich das alte Gewerkschaftshaus. Im Erdgeschoss war eine Gaststätte, der „Artushof", in deren Saal die Veranstaltungen der Gewerkschaften meistens abgehalten wurden. Die Gaststätte war in der Zeit der Weimarer Republik auch geselliger Mittelpunkt der Arbeiter und ihrer Familien, die sich häufig abends dort trafen.

Auch wenn die Nazi-Partei den Begriff „Sozialismus" in ihrem Namen führte, so war doch die organisierte Arbeiterbewegung ihr Hauptangriffsziel. Die Gewerkschaftsbewegung war ihr ein Dorn im Auge, weil sie wusste, dass gegen den Widerstand einer straff organisierten Arbeiterschaft die totale Diktatur und die Vorbereitung des Zweiten Weltkrieges nicht möglich gewesen wären.

Bei der Märzwahl 1933 hatte die NSDAP mit 45,9 Prozent die absolute Mehrheit im Reichstag verfehlt. Ermutigt durch das rund zwei Prozent höhere Ergebnis in Heidelberg begannen die Nazis bereits drei Tage später mit Aktionen gegen die Gewerkschaften in der Stadt. Am 8. März wurde das Gewerkschaftshaus polizeilich durchsucht, anschließend von der SA und SS bewacht und am 12. März ein zweites Mal durchsucht. Der Vorsitzende des Ortskartells, Adolf Engelhardt, habe angeblich seine Gewerkschaftsfunktion für SPD-Arbeit missbraucht. Als Beweis wurden der Presse fünf rote Ordnerarmbinden vorgelegt.

Heidelberg

Die zweite, endgültige Besetzung des Gewerkschaftshauses fand am 2. Mai 1933 statt. Etwa 50 SA-Männer drangen in das Gewerkschaftshaus ein und nahmen den Sekretär der Gewerkschaft Holz, Fritz Schell, die Sekretäre Brückner und Schmaus sowie den Wirt des „Artushofes", Hauer, fest. Dann hissten sie sowohl die Flagge mit dem Hakenkreuz als auch die Flagge der NSBO (Nationalsozialistische Betriebszellenorganisation). Bald darauf bezog die „Deutsche Arbeitsfront" (DAF) Quartier im Gewerkschaftshaus.

Wenige Tage später wurden auch der Vorsitzende des Buchdruckerverbandes, Adolf Rausch, später Bürgermeister von Heidelberg, und der damalige SPD-Sekretär Josef Amman in Schutzhaft genommen. Bekannte Kommunisten – unter ihnen Franz Böning, Otto Gabler, Simon Leibowitsch, Hans Fehrentz und der Landtagsabgeordneter Hermann Böning – waren bereits früher verhaftet worden. Sie alle kamen ins KZ Heuberg, während ihre Gesinnungsgenossen Anton Böhner, Karl Noe, Kurt Mettenheimer, Hans Gärter, Hans Beiler, Fritz Rimmler, Alfred Frick, Otto Gabler, Gottfried Deckelnick in das KZ Kislau bei Bruchsal eingeliefert wurden.[1]

Das Heidelberger Gewerkschaftshaus 1948: Neben der roten Fahne weht das Schwarz-Rot-Gold der künftigen Republik; das Straßenschild am Bildrand ist für amerikanische Soldaten auf Englisch geschrieben.

---

1 Text aus Das andere Heidelberg – Ein alternativer Stadtführer, herausgegeben von der IG Metall, Verwaltungsstelle Heidelberg, mit einem Vorwort von Karin Benz-Overhage, Köln 1987.

Heidelberg

Verbotene Flugblätter und Hinrichtungen auf dem Firmengelände

Erlebnisbericht von Anna Zambelli[1], einer ehemaligen Beschäftigten der Fuchs-Waggonfabrik:

In Heidelberg-Kirchheim gab es vor und während der Zeit des Faschismus viele politisch bewusste Arbeiter mit kommunistischer und sozialistischer Einstellung, die sich aktiv gegen den Faschismus zur Wehr setzten, indem sie im Gebiet des Höllensteins und im Betrieb der Firma Fuchs-Waggonfabrik antifaschistische Flugblätter verteilten. Es war natürlich klar, dass diese Verteilung der Flugblätter absolut im Untergrund stattfand. Die SA und die SS ließen nichts unversucht, den Kern der antifaschistischen Bewegung zu zerschlagen. Es verging deshalb auch kein Tag, an dem nicht Hausdurchsuchungen in sämtlichen Arbeiterwohnungen vollzogen wurden. Ein Teil der Arbeiterschaft der Firma Fuchs-Waggonfabrik bildete schon immer den Kern kommunistischer und sozialistischer Bewegung.

Ich weiß, [...] da gab es in der Nähe des Kirchheimer Bahngeländes ein kleineres russisches Gefangenenlager. Die russischen Gefangenen lebten in kleineren, verwahrlosten Baracken und mussten für die Nazis irgendwelche Arbeiten verrichten. Die Verpflegung und Behandlung der Gefangenen war so menschenunwürdig, dass es hie und da vorkam, dass sich die Gefangenen aus Eisenbahnwaggons Verpflegung holten.

Inzwischen sind die Namen der getöteten Zwangsarbeiter bekannt:

Nikolai Ewdokimow (*8. 8. 1924)
Alexej Bjelow (*1. 10. 1922)
Wassili Skorkin (*1. 1. 1925)
Anatolji Bachatschow (*8. 2. 1923)
Pawel Chrebor (*10. 2. 1923)

Solche Dinge sind natürlich auch an die Nazis verraten worden, und so kam es, dass an einem Morgen im Betriebsgelände der Firma Fuchs-Waggonfabrik Galgen aufgestellt wurden und fünf oder sechs Russen vorgeführt wurden. Die Galgen wurden natürlich so aufgestellt, dass es nach Möglichkeit der Öffentlichkeit verborgen blieb. Trotzdem haben viele Arbeiter der Firma Fuchs-Waggonfabrik genau gesehen, wie fünf oder sechs Russen durch die Heidelberger SA und SS aufgehängt worden sind.

Die Hinrichtung ist so vollzogen worden: Ein junger Russe (wir nannten ihn den kleinen Stalin) musste die Holzkisten, auf denen die Russen standen, wegschieben. Herr Fuchs, der Fabrikdirektor, hat sich an diesem Tag aus dem Staub gemacht, damit später keiner sagen konnte, er wusste von alledem. Jeden, der sich gegen diese Methoden der Nazis gewandt hätte, hätte ein ähnliches Schicksal erwartet. Später wurde uns gesagt, dass die russischen Gefangenen Gift getrunken hätten und gestorben wären.[2]

---

1 Anna Zambellis Sohn Gerhard war übrigens von 1993 bis 1998 Bezirksleiter der IG Metall Baden-Württemberg.

2 Aus IG Metall Verwaltungsstelle Heidelberg (Hg), Damit nichts bleibt wie es ist; bearbeitet von Peter Merz, Heidelberg 1986.

Heidelberg

„Man hat auf die Wahlen gesetzt"
Erinnerungen eines Gewerkschafters

Ich war in der Zeit vor 1933 Mitglied der SPD. Wenn ich mich richtig entsinne, war die SPD in Heidelberg doch stark rechts eingestellt. Die Tradition von Ebert[1] hat doch viel mitgewirkt. [...] Die Sozialdemokraten hatten in dieser Zeit eine eigene Zeitung, „Die Volkszeitung", die dann 1933 verboten wurde.

Ich kann mich nicht mehr genau entsinnen, aber es hat einige Genossen gegeben, die frühzeitig auf die Gefahr des Nazismus aufmerksam gemacht und eine andere Politik verlangt haben. Unter einer anderen Politik wurde verstanden, dass man schärfer gegen den Nationalsozialismus vorgehen muss. Zwischen der SPD und der KPD gab es, soweit ich mich erinnern kann, keine Kontakte. In den Gewerkschaften und Kulturverbänden gab es einige persönliche Kontakte. Ich kann mich an eine Versammlung erinnern, da waren große Auseinandersetzungen zwischen rechten und linken Sozialdemokraten in der Frage der Kooperation mit der KPD.

Ich glaube, weitsichtige Leute haben damals schon erkannt, dass es zu spät war, dass man die Einheitsfront früher hätte machen müssen. Nur so hätte der Faschismus verhindert werden können. [...] Auch als Hitler am 30. Januar 1933 Reichskanzler wurde und die SPD und die Gewerkschaften zwar behindert wurden, aber diese noch legal tätig sein konnten, haben nur weitsichtige Leute in der SPD und in den Gewerkschaften erkannt, dass es bereits zu spät war. Man hat auf die Wahlen gesetzt, denn die Wählerzahlen der Nazis waren ja zuvor rückläufig gewesen. Man hat auch nicht damit gerechnet, dass die SPD verboten wird, denn sie hat sich ja in ihren Wahlergebnissen ziemlich gehalten.

Am 2. Mai sind dann auch in Heidelberg die Gewerkschaftshäuser besetzt worden. Danach wurde auch die SPD verboten. In dieser Zeit fanden einige illegale Besprechungen statt, die aber ohne Ergebnis verlaufen sind. [...] Mein Vater hatte damals gesagt: „Wenn der Lubbe den Reichstag angesteckt hätte, dann hätte er hundert Hände und Füße haben müssen". Und da ist einer fort von der SA, der dabei gesessen hat und hat ihn angezeigt. [...] Er ist dann zu einem halben Jahr Haft verurteilt worden, wegen dieser Bemerkung. [...]

Fritz Winteroll, Gewerkschafter[2]

„Seine Stimme abgeben" – selten hatte die doppelte Bedeutung dieser Formulierung so viel fatalen Sinn wie bei der Reichstagswahl 1933.

---

1 Friedrich Ebert, der erste sozialdemokratische deutsche Kanzler, stammte aus Heidelberg.
2 Aus IG Metall Verwaltungsstelle Heidelberg (Hg), Damit nichts bleibt wie es ist; bearbeitet von Peter Merz, Heidelberg 1986.

Heidenheim

Heidenheimer Gewerkschafter in Haft, Vermögen einKassierert

In Heidenheim erfolgte der Übergriff auf die führenden Leute der Gewerkschaften bereits vor dem 2. Mai 1933. Der Heidenheimer Gewerkschafts-Kartellvorsitzende Hermann Wild und der Vorsitzende der Tabakarbeiter-Gewerkschaft, Heinrich Talmon-Gros, waren verhaftet worden und saßen im Konzentrationslager Heuberg.

Peter Häberle, der im April 1928 zum Ersten Bevollmächtigten der Ortsverwaltung Heidenheim des Metallarbeiter-Verbandes gewählt worden war, wurde am 27. März 1933 morgens um 5 Uhr zusammen mit mehreren Reichsbannerleuten verhaftet und ins Gefängnis nach Ulm gebracht. Häberle war Führer des Reichsbanners, Mitglied des Vorstands der Heidenheimer SPD und außerdem im Aufsichtsrat der Konsumgenossenschaft tätig.

Bereits am 29. März 1933 wurde er aus dem Ulmer Gefängnis wieder entlassen. Die zweite Verhaftung erfolgte am 22. April 1933 wieder um 5 Uhr morgens. Er wurde in „Schutzhaft" genommen und kam in das Konzentrationslager Heuberg, aus dem er nach 15 Wochen Haft am 5. August 1933 entlassen wurde. Zuvor mußte er eine Erklärung unterschreiben, dass er niemandem über die Zustände und die Behandlung im Lager berichten werde.

Zur Zeit der Machtergreifung durch die Nationalsozialisten im Januar 1933 hatten die Gewerkschaften des Allgemeinen Deutschen Gewerkschaftsbundes (ADGB) rund 5.000 Mitglieder im Kreis Heidenheim. Allein der Metallarbeiter-Verband hatte 1.300 Mitglieder. In der Kasse der Verwaltungsstelle Heidenheim des Metallarbeiter-Verbandes befanden sich zu der Zeit rund 40.000 Reichsmark, die hauptsächlich für ein neues Metallarbeiter-Heim Verwendung finden sollten.

Am 2. Mai 1933 wurde der zweite Bevollmächtigte des Metallarbeiter-Verbandes, Georg Kropp, von zwei mit Gewehren bewaffneten SA-Leuten abgeholt, denen er alle Akten und die Kasse des Verbandes übergeben musste. Bei den anderen Gewerkschaften wurden ähnliche Aktionen durchgeführt. Das Waldheim des ADGB auf den Heeräckern wurde beschlagnahmt. Damit waren die Gewerkschaften des ADGB „gleichgeschaltet" und in die DAF übernommen. Der Heidenheimer NSBO-Kreisleiter veröffentlichte damals eine Bekanntmachung, in der es hieß, „ anlässlich der Besetzung der Gewerkschaftshäuser am 2. Mai versuchen verschiedene Hetzer in den Betrieben, Unruhe in die Arbeiterschaft hineinzutragen. Gegen solche unverantwortlichen Gerüchtemacher wird rücksichtslos vorgegangen."[1]

---

1 Jürgen Bohnert: Die Gewerkschaften werden zerschlagen, in: Heidenheim zwischen Hakenkreuz und Heidenkopf, eine lokale Dokumentation zur Nazi-Zeit, Heidenheim 1983.

Heidenheim

Der Grenzbote   -   Heidenheimer Tages - Zeitung.

Nr. 81   Donnerstag den 6. April 1933.

Aufruf des Sonderkommissariats für den Bezirk Heidenheim.

Zur Sicherung des Werkes der nationalen Regierung erlässt der politische Sonderkommissar für den Bezirk Heidenheim folgende Erklärung:

1.) Jede, auch die geringste Art von Sabotage gegen die Regierungsarbeit, jeder Angriff auf die Führer des deutschen Volkes und unsere nat.soz. Bewegung, kurz jedes Verhalten, das den Interessen des neuen Deutschlands zuwiderläuft, sei es von Behörden oder Privatpersonen, ist unverzüglich unter Anfügung glaubhafter Unterlagen oder Zeugen dem Sonderkommissar zu melden.

2.) Der Verkehr der Parteidienststellen im Bezirk mit oberamtlichen Behörden (nicht Gemeinde-Behörden) hat nur über den Sonderkommissar zu erfolgen.

3.) Zur Aufrechterhaltung der öffentlichen Ordnung und Sicherheit wird sämtlichen Persönlichkeiten, die sich früher in der Stadt Heidenheim und im Oberamtsbezirk als besonders eifrige marxistische Rädersführer und Hetzer betätigt haben (Häberle, Wild, Benz u.a.) dringend empfohlen, unverzüglich die Stadt und den Bezirk für immer zu verlassen. Weitere Massnahmen werden vorbehalten.

4.) Sprechstunde des politischen Sonderkommissars jeden Werktag von 6 - 8 Uhr im Hitlerhaus, Tel. 628. In ganz dringenden Fällen Tel. 2041 bis 5 Uhr nachm.

Heidenheim, den 6. April 1933.

Der pol. Sonderkommissar für den Bezirk Heidenheim.

gez. M a u e r.

Eine Diktatur organisiert sich: Kritik ist verboten, den politischen Gegnen wird „dringend empfohlen", dauerhaft zu verschwinden, „weitere Maßnahmen" werden angedroht …

Heidenheim

Peter Häberle hatte besonders stark unter dem Druck der NS-Schergen zu leiden. Mehrmals wurde er in der Nazi-Zeit verhaftet, unter Druck gesetzt, seine Wohnung durchsucht und seine Familie schikaniert. Nach der Zerschlagung der Gewerkschaften und dem Verlust des Arbeitsplatzes war Häberle lange Zeit arbeitslos.

Häberle sah sein Lebenswerk zerstört, Haft und Repressalien taten ihr eigenes, sodass Häberle auch psychisch angeschlagen war. Er starb nach langer Krankheit 1939 in einem Ulmer Krankenhaus mit nur 46 Jahren.

Hermann Wild war Geschäftsführer des Textilarbeiterverbands Heidenheim und wurde am 25. März 1933 verhaftet (siehe unten stehende Zeitungsmeldung).

Wild war seit 1919 Sekretär des Textilarbeiterverbandes. Er wohnte im Gewerkschaftshaus der Textilarbeiter im Vorort Schnaitheim, wo er am 25. März zum ersten Mal verhaftet und nach Heuberg verschleppt wurde. Weitere Verhaftungen folgten. Während der NS-Zeit sicherte er sich seinen Lebensunterhalt bei der Firma WCM durch Hilfstätigkeiten.

Terror anwenden, aber auch mit Terror drohen – das waren Rezepte der Nazis. Berichte über Verhaftungen sollten abschrecken.

> Heidenheim, 25. März. In Schutzhaft genommen wurden Hermann Wild, Geschäftsführer des Textilarbeiterverbands und Schriftführer des Reichsbanners; ferner ein Georg Illenberger wegen grober Beleidigung des Reichskanzlers.

Heidenheim

SA vor dem widerrechtlich besetzten Haus des Deutschen Textilarbeiterverbandes

Kriminelle Machenschaften wurden dem Tabakarbeiterverband unterstellt. Gewerkschaftssekretär Talmon-Gros hatte anscheinend noch vor seiner Verhaftung Sicherheitsmaßnahmen ergriffen und Aktenmaterial vernichtet sowie Buchungen über die Schuldengrenze hinaus veranlasst. Sehr zum Leidwesen der NSDAP fanden die SA-Trupps neben unvollständigen Akten eine Ortskasse mit Schulden in Höhe von knapp 200 Reichsmark vor.[1]

Maifeier des Regimes in Heidenheim 1935

1   Angaben auf dieser Doppelseite nach Recherchen von Maja Reusch, IG Metall Heidenheim.

Heilbronn

Lang gehalten und doch gefallen: Gewerkschaften in Heilbronn

Gewerkschaften, SPD, Reichsbanner und Eiserne Front standen in Heilbronn relativ lange auf passablem Posten gegen die Nazis: Am 5. Februar 1933 brachten sie 10.000 Menschen auf dem Marktplatz zusammen, um gegen Hitler und seine Pläne zu demonstrieren. Im „roten Böckingen" forderte die KPD sie mit einigen Kilometern Abstand zum „gemeinsamen Kampf" auf. Bei der Reichstagswahl erreichten die Faschisten weniger als ein Drittel der Heilbronner Stimmen; die SPD blieb mit 31,7 Prozent gar stärker – allerdings nur 0,1 Prozent.

Um so rabiater gingen die Nazis gegen ihre Gegner in der „roten Hochburg" Heilbronn vor. Dabei tat sich besonders der Maschinenbau-Ingenieur Richard Drauz als Kreisleiter der NSDAP hervor. „Unsere führenden Männer sind rücksichtslos genug, alles, was sich ihnen in den Weg stellt, mit Vernichtung zu schlagen", tönte er – nicht zuletzt über sich selbst.

Letzte Ausgabe des „Neckar-Echo"

Bereits ab dem 6. März wurde die Tageszeitung der Heilbronner SPD, das „Neckar-Echo", durch eine Verfügung des württembergischen Innenministeriums verboten. Das Verbot war zwar bis zum 17. März befristet, doch schon am Morgen des 12. März besetzte die SA das Verlagsgebäude in der Allee. Die Nationalsozialisten nutzten dieses Gebäude dann in den folgenden Jahren, um ihr „Heilbronner Tagblatt" herzustellen.

Ebenfalls am 12. März wurde das Gewerkschaftshaus, das „Volkshaus" an der Ecke Weinsberger-/Paulinenstraße, sowie das Haus des Deutschen Metallarbeiter-Verbands (DMV) in der Gartenstraße vorübergehend besetzt. Ab Mitte März 1933 wurde auch massiv gegen sozialdemokratische Mandatsträger und Funktionäre vorgegangen, nachdem Kommunisten schon früher verfolgt worden waren. Das Reichsbanner und die Eiserne Front sowie sämtliche Vereinigungen, die für die Belange dieser beiden Organisationen eintraten, wurden verboten, deren Vermögen beschlagnahmt, die Funktionäre verhaftet und in „Schutzhaft" genommen. Auch der Heilbronner SPD-Reichstagsabgeordnete Fritz Ulrich wurde in Stuttgart verhaftet und kam ebenfalls in „Schutzhaft". Am 26. März wurden die ersten etwa 60 Heilbronner Antifaschisten mit zwei Bussen in das Konzentrationslager Heuberg abtransportiert.

Nun gingen die Nazis daran, die Gewerkschaften zu zerschlagen. Es nützte der ADGB-Führung nichts, dass sie versucht hatte, sich von der SPD zu lösen, und der Hitler-Regierung ihre Mitarbeit im „neuen Staat" anbot. Diese Haltung und der Be-

Heilbronn

Am 16. März 1933 wurden die sozialdemokratischen Stadträte Ernst Riegraf (im Bild) und Karl Britsch auf dem Weg zur Gemeinderatssitzung vor dem Rathaus von NS-Schlägern niedergeprügelt, abgeführt und in „Schutzhaft" genommen.

schluss des ADGB, seine Mitglieder zur Beteiligung an dem von den Nazis inszenierten „Tag der nationalen Arbeit" aufzurufen, führten bei den Gewerkschaftern in Heilbronn „zu allgemeiner Verwirrung und maßloser Enttäuschung".

Am 2. Mai erstürmte die SA endgültig die Heilbronner Gewerkschaftshäuser. Das Vermögen wurde beschlagnahmt und die Gewerkschaftssekretäre mit vorgehaltenem Revolver gezwungen, eine Entlassungsurkunde zu unterzeichnen. Die meisten hauptamtlichen Funktionäre, aber auch Betriebsräte, wurden verhaftet und in die „Schutzhaft" abgeführt, darunter die Bevollmächtigten des DMV, Carl Baßler und Otto Vollmer, sowie der Geschäftsführer des ADGB, Friedrich Reinhardt. Die Heilbronner Gewerkschaften mit ihren 12.000 Mitgliedern waren zerschlagen.

Carl Baßler, der Bevollmächtigte der Metallarbeiter

Heilbronn

Arbeitsbedingungen im Nazi-Staat

Nach der Zerschlagung der Freien Gewerkschaften am 2. Mai 1933 beanspruchte zunächst die „Nationalsozialistische Betriebszellen-Organisation" (NSBO) die Nachfolge. Am 10. Mai setzten die Nazis jedoch die „Deutsche Arbeitsfront" (DAF) an die Stelle der Freien Gewerkschaften. Formal eine Organisation „aller schaffenden Deutschen", also auch der Arbeitgeber, war sie in Wirklichkeit ein Instrument zur Bespitzelung und Disziplinierung der Arbeiterschaft.

In den Firmen (hier Karosseriewerke Drauz KG, Heilbronn) mussten Reden von Adolf Hitler häufig im sogenannten „Gemeinschaftsempfang" angehört werden.

Mit dem „Gesetz über die Betriebsvertretungen" vom 4. April 1933 gingen die Nazis gegen missliebige Betriebsräte vor und ersetzten sie durch Parteigenossen. Am 19. Mai 1933 wurden mit dem „Gesetz über die Treuhänder der Arbeit" das Streikrecht und die Tarifautonomie liquidiert. Vom faschistischen Staat eingesetzte Beamte („Treuhänder der Arbeit"), meist ehemalige juristische Berater der Arbeitgeberverbände, übernahmen nun die Regelung der Lohn- und Arbeitsbedingungen.

Mit dem „Gesetz zur Ordnung der nationalen Arbeit" vom 20. Januar 1934 wurden die Unternehmer als „Betriebsführer" zu fast unumschränkten Herrschern, denen die Arbeiter und Angestellten als „Gefolgschaftsmitglieder" ausgeliefert waren. Im Sinne dieses Gesetzes wurden Betriebsordnungen erlassen.

Trotz der relativ geringen Preissteigerungen in den Jahren 1933 bis 1939 gab es nur für die Beschäftigten der von der Rüstungskonjunktur begünstigten Branchen reale Lohnsteigerungen. In allen anderen Produktionsbereichen und vor allem bei den Dienstleistungen sank dagegen das Realeinkommen. Als Maximalarbeitszeit wurde der Zehnstundentag amtlich festgelegt. Überstunden wurden aber großzügig genehmigt und waren mit einem Zuschlag von 25 Prozent zu vergüten. Die Heilbronner Industrie war bis 1937/38 nicht voll ausgelastet, die durchschnittliche Wochenarbeitszeit lag noch bei 50 Stunden.

Ab 1938 wurde wegen der Rüstungskonjunktur die Arbeitszeit ständig erhöht, gegen Ende des Krieges mussten die verbliebenen Arbeitskräfte durchschnittlich 60 Stunden in der Woche arbeiten. Außerdem wurde die Arbeitsintensität durch Rationalisierungsmaßnahmen gesteigert. Die so immer schärfer werdende Ausbeutung schlug sich auch in der deutlichen Zunahme von Arbeitsunfällen nieder; den Unternehmen, vor allem den Rüstungsfirmen, sicherte sie dagegen enorme Profite.

Heilbronn

Infolge der Schaffung von Massenorganisationen wie dem Reichsarbeitsdienst und so weiter, der Wiedereinführung der allgemeinen Wehrpflicht, der Herausnahme der Frauen aus der Produktion sowie der ungehemmten Aufrüstung verringerte sich bis 1939 die Erwerbslosigkeit auch im Arbeitsamtsbezirk Heilbronn. Ab 1936 erhielten im Raum Heilbronn sowohl die Branchen Maschinenbau und Metallverarbeitung als auch die Automobilindustrie zunehmend Rüstungsaufträge.

Nach Kriegsbeginn wurden verstärkt Frauen in der Rüstungsproduktion kriegsdienstverpflichtet. Sie wurden teilweise zu Schwer- und Schichtarbeit herangezogen, ohne dass sie jedoch im Lohn und in der Lebensmittelzuteilung den Männern gleichgestellt wurden. Die Kaufkraft erhöhte sich nun auch für die Beschäftigten in der Rüstungsindustrie nicht mehr. Der zivile Konsum wurde durch Lebensmittelrationierung und Drosselung der Verbrauchsgüterproduktion ständig eingeschränkt, blieb jedoch – anders als im Ersten Weltkrieg – durch rücksichtslose Ausplünderung der besetzten Länder auf einem scheinbar relativ erträglichen Niveau.[1]

Seit 1933 wurde jährlich der „Reichsberufswettkampf" durchgeführt. Das Bild zeigt Arbeiterinnen der Zwirnerei Ackermann in Sontheim, 1938.

---

1 Mit geringfügigen Änderungen entnommen aus IG Metall Verwaltungsstelle Heilbronn (Hg.): Trau! Schau! Wem? – Dokumente zur Geschichte der Arbeiterbewegung im Raum Heilbronn/Neckarsulm 1844–1949; bearbeitet von Susanne Stickel-Pieper, Heilbronn 1994.

Karlsruhe

Leopold Rückert – Metaller, Minister, ermordet

Leopold Rückert starb 1942 „an einem Herzleiden – vermutlich infolge eines vorangegangenen Gestapo-Verhörs". Relativ zurückhaltend wurde der Tod des Mannes in einer Pressemitteilung der Karlsruher SPD anlässlich der Verlegung eines Stolpersteins für ihn beschrieben: Am 16. April 2013 setzte der Kölner Künstler Gunter Demnig in der Ettlinger Straße 45 für Rückert einen seiner berühmten (inzwischen rund 40.000) Erinnerungssteine in den Gehweg – zur Erinnerung an einen Menschen, der Opfer der Verfolgung durch das NS-System wurde. Viele Stolperstein-Initiativen sprechen grundsätzlich von Mord, wenn ein Gegner der Nazis im Zusammenhang mit der Verfolgung durch das braune System zu Tode kam – der Tod von Nicht-Faschisten war eingeplant und gewollt, auch wenn er im Einzelfall womöglich nicht in diesem Augenblick gezielt herbeigeführt wurde.

Als erster hauptamtlicher Geschäftsführer des Deutschen Metallarbeiter-Verbands (DMV) für Karlsruhe und Umgebung sowie als Sozialdemokrat stand Leopold Rückert grundsätzlich auf der anderen Seite des politischen Spektrums. Der gelernte Schlosser übernahm die Arbeit im DMV-Büro bereits 1905 und betrieb sie bis 1918. Als eher konservativer SPD-Mann passte er ins kompromissorientierte Personalkonzept der badischen Revolutionsregierung, die einen behutsamen Übergang von der Monarchie zur Demokratie versuchen wollte. Zunächst als „Minister für Verkehrswesen", später als „badischer Staatsminister für soziale Fürsorge und öffentliche Arbeiten" erwies Rückert sich als erfolgreicher Mann des Ausgleichs.

Karlsruhe

Als der 1. Mai noch nicht in die Hände der Nazis gefallen war: Leopold Rückert (mit Hut) zwischen der Karlsruher SPD-Frau Kunigunde Fischer und DMV-Geschäftsführer Gustav Schulenburg auf dem Weg zur Kundgebung am 1. Mai 1930.

Als – wie man heute sagen würde – Sozialminister versuchte er durch Wohnbauprojekte, die Lebensbedingungen der ärmeren Bevölkerungsschichten zu verbessern und auch Arbeitsplätze zu schaffen – doch als ein Siedlungsunternehmen in Pforzheim in Konkurs ging, trat Leopld Rückert zurück und arbeitete neben anderen Aufgaben als Abgeordneter weiter.

„Am 3. Februar 1933 erlebte Leopold Rückert seine Sternstunde als Parlamentarier", heißt es über ihn in den „Badischen Biografien"[1]. Mit scharfen Worten verteidigte er das Parlamentarische System gegen NS-Propaganda. Wenige Wochen später wurde der 52-Jährige vorübergehend in „Schutzhaft" genommen. Ohne Parlament war der Abgeordnete arbeitslos und musste versuchen, seine Familie als Versicherungsvertreter zu ernähren. Er war Überwachung und anderen Schikanen ausgesetzt – auch wenn der beliebte Politiker im erzwungenen Ruhestand besser behandelt wurde als viele andere Gegner des Nazi-Systems.

Ob das viele Treppensteigen als Versicherungsvertreter oder persönlicher Terror der Geheimen Staatspolizei den 62-Jährigen schließlich zu Tode brachte – es scheint eindeutig, dass der langjährige Gewerkschafter und Politiker starb, weil die Faschisten seinen Lebensraum immer mehr einengten.

---

1   Frank Raberg in: Badische Biographien, Stuttgart 1985.

Karlsruhe

Ein Jahr Gefängnis für einen Metall-Gewerkschafter, weil er eine Zeitung besaß

Durch die konsequente Verfolgung aller Organisationen der Arbeiterbewegung gab es auch in Karlsruhe keine Strukturen mehr, die einen wirksamen Widerstand hätten auf die Beine stellen können – weder lokal, schon gar nicht überörtlich vernetzt. Doch Menschen, die sich dem Terror-System mit großem Einsatz entgegensetzten, gab es auch in Karlsruhe. Eine eigene Dokumentation des Widerstands wäre selbstmörderisch gewesen – wären solche Unterlagen in die Hände der Nazis gefallen, hätte das furchtbare Folgen gehabt. So sind häufig die Unterlagen der Strafverfolgung bei allem berechtigten Zweifel an Qualität und Objektivität des NS-Apparats die beste Quelle, um über den Widerstand etwas zu erfahren. Doch nach einem Bombenangriff sind 1944 die Akten des Oberlandesgerichts Karlsruhe verbrannt. Daher ist die Überlieferung besonders unvollständig.

Da eine gemeinsame Plattform wie beispielsweise die Gewerkschaft oder auch nur Betriebsräte fehlten, agierten die zuvor schon konkurrierenden politischen Lager jeweils alleine: Die Karlsruher KPD brachte bereits im März 1933 die Zeitschrift „Trotz alledem: Rote Fahne" heraus. Anfangs wurden 100 bis 150 Exemplare jeder Ausgabe hektographiert, später 300. Das einfache Druckgerät stand in Privatwohnungen, Dreiergruppen von KPD-Aktiven verteilten die Blätter – nur einer der drei hatte Kontakt zu einer anderen Dreiergruppe; keiner sollte einen Überblick über das gesamte Netzwerk haben, damit bei Verhaftungen Einzelner nicht das ganze System auffliegen sollte. Auch anonyme Weitergaben sind überliefert: Man fand eine Nachricht, wann man wo warten sollte, dann übergab einem ein unbekannter Radfahrer am angegebenen Platz 20 Exemplare der „Trotz alledem".

Ob nun Gustav Kappler und Eugen Wiedmaier die geistigen Köpfe hinter diesem Blatt mit der kleinen Auflage und dem großen Aufwand waren oder doch Eva Maria Rosenberg und der Student Herbert Paltschik oder alle zusammen oder andere – nachdem diese Verdächtigen Anfang 1934 verhaftet worden waren, gab es keine neuen Ausgaben. Wilhelm Belschner, der nach 1945 die IG Metall in Karlsruhe mitbegründete, wurde im Oktober 1933 zu einem Jahr Gefängnis verurteilt, weil man bei einer Hausdurchsuchung ein Exemplar bei ihm gefunden hatte.

Karlsruhe

Neben dieser publizistischen Arbeit produzierten die Karlsruher Kommunisten auch Flugblätter, die sie über ihren internen Kreis verteilten, und im Ausland hergestellte Tarnschriften. Einer der Boten, die solche Drucksachen zu Fuß transportierten, war der Daxlander Metallarbeiter August Dosenbach. Er wusste, dass die Gestapo ihn im Visier hatte, und ging extra ohne Druckschriften seinen Weg – dennoch wurde er „auf der Flucht erschossen".

Zumindest bis 1936 unterhielt die KPD in Karlsruhe ein funktionsfähiges Kommunikationsnetz, über das Druckschriften verbreitet und Gelder für die „Rote Hilfe" gesammelt wurden. Josef Eckl und Friedrich Dietz flüchteten danach ins Ausland, Rudolf Ritter aus Karlsruhe und Adolf Betz aus Durlach wurden bereits 1935 verhaftet und zu mehrjährigen Zuchthausstrafen verurteilt.

Die Sozialdemokraten in Karlsruhe begannen erst später im Jahr 1933 mit illegaler Informationsarbeit; eine zentrale Person dabei war Georg Reinbold, der vom Saarland und vom Elsaß aus das Einschmuggeln von sozialdemokratischen Zeitungen organisierte. Verhaftet und mit mehrmonatigen Haftstrafen belegt wurden unter anderem der Maler Friedrich Weick, Wilhelm Offenbacher, Walter Knobloch, August Jülg, Emil und Eugen Kern, Albert und Hermann Erny sowie Willy Lange, Hellmut Stutz, Hermann Walter und Karl Konz.

Dramatische Folgen hatte 1944 der Versuch von Widerstand in den Reihen von Kriegsgefangnen, die in mehreren badischen Lagern Komitees der „Brüderlichen Zusammenarbeit" gründeten und vernetzten, darunter Baden-Baden, Rastatt und Karlsruhe – die Folgen trafen allerdings nicht die Faschisten, sondern ihre Gegner selbst: In Karlsruhe wurden über 300 Angehörige der Organisation verhaftet und größtenteils in Dachau, Flossenbürg und Mauthausen erschossen.

Am 12. Januar 1945 wurde der Karlsruher Rechtsanwalt Reinhold Frank, ein christlicher Demokrat, der auch schon Oppositionelle in seiner Heimatstadt verteidigt hatte, in Berin hingerichtet, weil ihm Verbindungen zu den Militär-Verschwörern des 20. Juli vorgeworfen wurden.[1]

---

1 *Alle Angaben dieses Beitags nach IG Metall, Vst. Karlsruhe (Hg.): Unser die Zukunft, Dokumente zur Geschichte der Arbeiterbewegung in Karlsruhe 1845 - 1952; bearbeitet und eingeleitet von Wolfgang Glaeser, Heilbronn 1991.*

Herrenberg

Nicht immer eine Heldengeschichte

Wer die Spuren der Kollegen nachverfolgen will, die vor 80 Jahren vor Ort mit ihrem Namen für den Deutschen Metallarbeiter-Verband (DMV) standen, darf nicht immer mit spannenden Archivfunden rechnen. Stefanie Albus-Kötz vom Stadtarchiv Herrenberg kam zu dem Ergebnis: „Wir konnten weder gewerkschaftseigene Immobilien noch Bildmaterial oder weitere Informationen zum DMV in Herrenberg in unseren Beständen ermitteln."

Über Paul Niethammer, der im Adressverzeichnis des DMV von 1933 als Kassierer aufgeführt ist, berichteten die Akten immerhin, dass er Elektrikermeister war, am 6. Februar 1887 geboren wurde und am 15. Dezember 1974 in Nagold starb. Über Fritz Leyerle, der als Bevollmächtigter im Adressbuch steht, ist gar nichts in den städtischen Akten zu finden.

Doch einen anderen – wenngleich augenscheinlich nicht besonders erfreulichen – Hinweis konnte die Archiv-Fachfrau geben: Einer Doktorarbeit über politische Parteien in Herrenberg[1] ist zu entnehmen, dass der 1886 geborene Herrenberger SPD-Gemeinderat Heinrich Kohler zunächst in Reutlingen arbeitete, sich dort dem DMV anschloss, als dessen Funktionär er offenbar bis 1925 auch Vorstandsmitglied war. Nach den Informationen aus der Spruchkammerakte des Gewerkschafters[2] kam Kohler 1911 nach Herrenberg, wo er bei der Elektrischen Kraftübertragung Herrenberg angestellt war und 1925 Werkstattmeister wurde. Offenbar trat Kohler dann unter politischem Druck 1937 in die NSDAP ein und wurde dort sogar Blockwart.

---

1 Rafael Binkowski: Die Entwicklung der Parteien in Herrenberg 1918-1933, Diss. phil. Stuttgart 2007, S. 130.
2 STAL EL 902/4 Bü 7382.

Kehl

Manchmal sind keine Nachrichten gute Nachrichten – vielleicht ...

Als die Leiterin des Archivs und Museums der Stadt Kehl ihre Bestände nach den beiden Männern durchforstete, die 1933 als örtliche Ansprechpartner des Deutschen Metallarbeiter-Verbands (DMV) genannt wurden, fand sie schließlich, „dass beide Herren den NS-Terror überlebt haben". Offensichtlich ist auch, dass sie keine Büroräume zur Verfügung hatten, sondern ihre gewerkschaftlichen Aufgaben in den Betrieben oder eben bei sich zuhause ausübten.

Georg Schwarz ist am 2. Mai 1881 in Dillingen/Saar geboren, war von Beruf Arbeiter, hat am 14. Oktober 1905 in Kehl Sofie Bohnert geheiratet und wohnte auch noch am 9. Juni 1944 in der Kinzigstr. 46 – der Kontaktadresse, unter der man ihn im Gewerkschafterverzeichnis von 1933 fand, und zwar als Mieter. Er ist am 12. Mai 1958 in Kehl gestorben.

Friedrich Dill ist am 23. Juli 1874 in Gassen, Kreis Gelnhausen, geboren, war Schlosser von Beruf und heiratete am 1. November 1902 in Kehl Marie Rapp aus Kehl. In der Heßlöhstraße 10 (die auch schon im Adressverzeichnis des DMV stand) wohnte er zumindest bis zum 23. Juni 1942. Er ist am 8. März 1955 in Kehl gestorben.

Kehls Archivarin Ute Scherb stieß auch im Bundesarchiv Berlin auf die beiden: In der Akte R 58/414 ist ein Schriftwechsel zwischen dem Bezirksamt Kehl (Geheime Staatspolizei), dem „Geheimen Staatspolizeiamt Karlsruhe" und dem „Polizeikommandeur der Länder" in Berlin, Prinz-Albrecht-Straße 8, erhalten: Am 26. August 1935 reagiert die Kehler Gestapo auf ein Ersuchen der Karlsruher Gestapo vom 12. August 1935 und liefert „ein Verzeichnis aller im Dienstbereich der Geheimen Staatspolizei Kehl bekannten, ehemaligen Funktionäre der SPD-Gewerkschaften". Hier sind Friedrich Dill als Bevollmächtigter des Metallarbeiter-Verbands und Georg Schwarz als Kassierer genannt. Soweit die Haftlisten des Kehler Gefängnisses für die Jahre 1934 bis 1941 erhalten sind, werden die beiden Gewerkschafter dort nicht genannt.

Ob die beiden Kehler Metall-Gewerkschafter tatsächlich ohne strenge Verfolgung durch die faschistischen Jahre gekommen sind, lässt sich anhand dieser Aktenlage höchstens vermuten – immerhin gibt es bisher keine gegenteiligen Informationen..

Ludwigsburg

Ab dem 4. April 1933: Widerstand ohne Chance auf größere Wirksamkeit

Im Anschluss an die letzten Reichstagswahlen am 5. März 1933 waren die Arbeiterparteien durch die Razzien und den Terror gelähmt. Am 15. März wurden auch in Ludwigsburg das Reichsbanner Schwarz-Rot-Gold, der Kampfbund gegen den Faschismus, die kommunistischen Arbeitersportvereine einschließlich der Schützenvereine aufgelöst und verboten, Schieß- und Sportplätze geschlossen und das Vermögen der Arbeiterorganisationen eingezogen[1].

Nicht besser ging es den Arbeitergesangvereinen: „ [...] ist neulich der Arbeitergesangverein ‚Vorwärts' vorläufig polizeilich geschlossen worden, nachdem das gleiche Schicksal schon früher den Turnerbund Ludwigsburg, den Turnverein Hoheneck, den Turnverein Eglosheim e. V. und die freie Turnerschaft Ossweil ereilt hatte. In einigen anderen Fällen steht eine Entscheidung der Behörden noch aus."[2]

Altes produzierendes Gewerbe in Ludwigsburg: Die Firma Heinrich Franck & Söhne mit Produkten wie Caro-Kaffee

Es blieben als einzige ernst zu nehmende Organisation die Gewerkschaften übrig. Auch deren Kampfkraft war geschwächt, weil nur etwa ein Drittel der Gewerkschaftsmitglieder noch Arbeit hatte. Trotzdem stand die Arbeiterschaft in weiten Teilen in Distanz zu den Nazis: Bei den Betriebsratswahlen im März 1933 waren die ersten Ergebnisse so schlecht für die Nazis (25 Prozent für die Nationalsozialistische Betriebsorganisation, über 70 Prozent für die Freien Gewerkschaften), dass die Wahlen abgebrochen und ausgesetzt wurden. Anstatt auf diese Unterstützung aus den Betrieben zu bauen, klammerte sich die ADGB-Führung an die Illusion, man könne in einem Vergleich mit den Nazis die Organisation retten.

Am 4. April wurden die Betriebsratswahlen dann per Gesetz verboten. In Folge wurden die Betriebsräte durch die NSBO (Nationalsozialistische Betriebsorganisation – sozusagen die Nazi-Gewerkschaft) zum Rücktritt gezwungen. Eigens für die Rücktritte der Betriebsräte wurden Formblätter gedruckt: die der Betriebe KAWAG, Fa. Heinrich Burkhardt, Hagspiel Apparatebau, Orgelbau Walcker, Vereinigte Metallwarenfabrik (vorm. Th. Kapff), Hubele, GdF (Wüstenrot), Wagner + Keller, André & Goosens, Pfeifferwerk AG, Eisfink, Karl Weiss & Cie, Heinrich Franck Söhne GmbH, Ungeheuer

---

1 LZ, 15. 3. 1933.
2 LZ 19. 4. 1933.

Ludwigsburg

+ Ulmer, Bleyle, Ziegelwerke Ludwigsburg, O & M Hausser, G. W. Barth, Beru, Metall AG, Bremer & Brückmann, AOK, Gebrüder Stern aus Ludwigsburg sind heute noch vorhanden. Ebenso die der Betriebsräte Julius Knapp, Streicher, Eisfink, Frischauer Farbenfabrik, Eugen Weidner und der Württembergischen Gärtnereigenossenschaft in Asperg, der Firmen Karl Rommel und Grotz in Bissingen, Salamander, Stotz; der Buchdruckerei Gustav Reichert, Willy Cantz und Stahlfensterbau Wilhelm Conrad in Kornwestheim. Außerdem die der Seidenstoffweberei in Markgröningen und der Firma Kleinheinz in Möglingen.

Den Betriebsratsmitgliedern Ernst Kaufmann, Otto Münz, Otto Theurer und Anna Riedl der Firma Bremer & Brückmann wurden am 26. April 1933 wegen staatsfeindlicher Einstellung das Betriebsrats-Mandat entzogen. Am gleichen Tag wurde der restliche Betriebsrat zum Rücktritt gezwungen.[3]

Sofie Damböck, die bei der Betriebsratswahl am 25. März 1933 in Abwesenheit in den Arbeiterrat der Firma Bleyle gewählt worden war, wurde am 21. April das Mandat entzogen und ihr wurde gleichzeitig gekündigt. Im Kündigungsschreiben der Firma Bleyle, das am 6. April geschrieben und auf den 20. April datiert ist, steht: *„Nachdem Sie nun schon seit 11. März 1933 interniert sind, sehen wir uns genötigt, Ihren Arbeitsplatz anderweitig zu besetzen und kündigen Ihnen auf heute über 14 Tage, also auf den 20. April."* Am 21. April wurde Sofie Damböck ins Frauengefängnis Gotteszell gebracht.[4]

Mit der Absetzung der Betriebsräte verloren die Gewerkschaften einen zentralen Teil ihrer Organisationsbasis in den Betrieben. Die Betriebsräte waren nach dem Selbstverständnis der Gewerkschaften auch ihre Vertreter und Ansprechpartner an der betrieblichen Basis gewesen – quasi ihr „verlängerter Arm". Mit der Ausschaltung von tausenden Gewerkschaftsfunktionären in den Betrieben wurde der Rückhalt der Gewerkschaften an der Basis schwer getroffen, sodass sie nun nicht viel mehr darstellten als isolierte Organisationen, die zu machtvollen Kampffaktionen nicht mehr fähig gewesen wären. Wenn es eine Chance gegeben hätte, gegen die Nationalsozialisten wirksame Aktionen zu starten – der Zeitpunkt war nun, nach dem 4. April 1933, verpasst.

In der Bausparkasse Wüstenrot gab es bereits 1933 eine stramm nationalsozialistische Ausrichtung.

---

3 Staatarchiv (StA) Ludwigsburg, F 181 III, Bü 399.
4 StA LB F 181 III, Bu 399.

Ludwigsburg

Einen aufschlussreichen Bericht aus der Sicht eines wachen, politisch aktiven jungen Mannes gibt Eugen Ochs von der Machtübernahme der Nazis. Ochs, Jahrgang 1905, überlebte den Nationalsozialismus im Konzentrationslager Buchenwald und baute in Ludwigsburg die IG Metall mit auf, als diese 1955 von der Verwaltungsstelle Stuttgart unabhängig wurde. Bis 1970 war er Erster Bevollmächtigter.

„Die Sozialdemokraten und die von ihnen geführten Gewerkschaften meinten noch immer, die Nazis könnten sich nicht lange halten und würden bald wieder aufgeben. [...] Deshalb forderten die Gewerkschaften die Arbeiter auf, am 1. Mai 1933 an den von den Nazis organisierten Maifeiern teilzunehmen. Nur einen Tag später, am 2. Mai 1933, bekamen sie die Quittung. Die Gewerkschaftshäuser wurden von den Nazis besetzt, die Gewerkschaften zerschlagen." [5]

Von solchen grundsätzlichen Einschätzungen war es ein mühsamer Weg zu politischem Widerstand. Gemeinsam mit dem Vorsitzenden der Stuttgarter Metallarbeiterjugend des DMV ging er *„sofort daran, aus eigener Initiative in Gummi einen Stempel zu schneiden ‚Hitler gleich Krieg'. Mit diesem Stempel bedruckten wir rote Klebestreifen, die wir abends bei Dunkelheit mit unseren Freundinnen an die Häuserwände klebten. Dabei spielten wir Liebespaare, um die Zettel unbemerkt anzubringen."*

Der junge Eugen Ochs, aus der KPD ausgeschlossen und in der Kommunistische Partei Opposition (KPO) aktiv, wusste, *„dass es nicht sofort um den Sturz der Nazis gehen konnte, dies wäre illusionär gewesen. Es kam jetzt darauf an, trotz Terror der Nazis den Zusammenhalt unserer Gruppe zu sichern und darüber hinaus in Arbeiterkreisen so gut wie möglich Aufklärung über die Nazipolitik zu schaffen. Dies war unter den jetzt gegebenen Umständen nicht leicht. Die Nazis verhafteten ohne Grund viele Funktionäre der Arbeiterbewegung und brachten sie in Konzentrationslager wie Heuberg, Kuhberg, Welzheim und Dachau. Dort wurden sie gedemütigt, gefoltert und nicht wenige umgebracht. Diese Vorgänge blieben nicht geheim; sie drangen auch in die Öffentlichkeit und verbreiteten Angst und Schrecken. ‚Halt Deinen Mund, sonst kommst Du nach Dachau' war eine ständige Warnung dieser Zeit. Durch laufende Informationen, Zwiegespräche mit den einzelnen Gruppenmitgliedern, die überwiegend dem DMV angehörten, gelang es uns, dieselben zusammenzuhalten. Es war wichtig, dem Einzelnen zu zeigen, dass er nicht allein war mit seiner Gegnerschaft zu den Nazis, dass andere genauso wie er über die Vorgänge im Dritten Reich dachten."*

Wie schwierig es war, die unter Gefahr gesammelten Informationen weiter zu geben, beschreibt Eugen Ochs in Erinnerung an seine Stuttgarter Zeit ebenfalls: *„Zunächst musste es auf der Schreibmaschine geschrieben werden. Das besorgte Heinrich Krathwohl, der von Beruf Kaufmann war. Er besaß eine Schreibmaschine. Für ihn war es aber gefährlich, mit der Schreibmaschine zu schreiben. Das Geräusch hätten die*

Eugen Ochs – als dieses Bild aufgenommen wird, ist er bereits einige Jahre aus Buchenwald zurück.

---

5   Eugen Ochs: Ein Arbeiter im Widerstand, Stuttgart 1984.

Ludwigsburg

Nachbarn gehört und sich gefragt, was hat ein arbeitsloser Kaufmann zu schreiben? Außerdem wäre der damals übliche Hauswart aufmerksam geworden. Dieses Problem wurde gelöst, indem wir einen großen Kasten aus Sperrholz über die Schreibmaschine stülpten, der innen mit einem dicken Tuch ausgeschlagen war. Für die Tastatur wurde ein mit Glas verschlossener Ausschnitt gemacht. Damit zum Schreiben die Hände in den Kasten gesteckt werden konnten, haben wir an das dicke Tuch aus dem selben Material Manschetten angebracht."

In Ludwigsburg waren es vielfach Gewerkschafterinnen und Gewerkschafter, die konspirativ arbeiteten, um Informationen zu verbreiten und Sicherheit zu schaffen. So beschreibt der KPD-Mann Karl Kunde in seinen Lebenserinnerungen[6], wie er nach seiner ersten Inhaftierung im Konzentrationslager Heuberg erneut in Ludwigsburg mit der Arbeit gegen die Nazis begann. Albert und Else Seyerle nennt er als Verbindungsleute zum Bezirksinstrukteur der illegalen Bezirksleitung seiner Partei.

Albert Seyerle war Vorsitzender des Ortskartells des Allgemeinen Deutschen Gewerkschaftsbundes (ADGB) in Ludwigsburg, seine Frau Else Seyerle arbeitete dort als Bürokraft. Als Karl Kunde nach seinem zweiten KZ-Aufenthalt und nach einer Denunziation wieder von Haft bedroht war, nahm er wieder Kontakt mit Albert Seyerle auf, *„der der Verantwortliche für die illegale Tätigkeit in Ludwigsburg war. […] Er beschloss, dass ich sofort untertauchen sollte. Ich bekam ein Quartier bei einer Genossin, in dem ich bleiben musste, bis man die notwendigen Maßnahmen für mich eingeleitet hatte. Es mögen wohl einige Tage vergangen sein, dann bekam ich falsche Papiere und eine Fahrkarte nach Zürich."*

Albert und Else Seyerle sowie ihr Sohn Erwin gerieten selbst ebenso ins Visier der juristischen Verfolgung: Erwin wurde 1933 vom Sondergericht Stuttgart mit gerade mal 16 Jahren zu zwei Jahren Haft verurteilt, weil er Flugblätter verbreitet hatte.[7] Albert Seyerle wurde im November 1935 wegen „Vorbereitung zum Hochverrat" von der

Die Gewerkschafter Else und Albert Seyerle haben die Verfolgungen des NS-Systems überlebt.

---

6 Karl Kunde: Die Odyssee eines Arbeiters, Stuttgart 1985.
7 Zitiert nach VVN Kreis Ludwigsburg: Streiflichter 5, 1993.

Ludwigsburg

Gestapo verhaftet und nach 20-monatiger Untersuchungshaft 1937 zu zwei Jahren Gefängnis verurteilt. Mit kurzer Unterbrechung war er bis zum 15. April 1938 eingesperrt.[8]

Else Seyerle wurde im April 1938 vom Zweiten Strafsenat des Oberlandgerichts Stuttgart „wegen Vorbereitung eines hochverräterischen Unternehmens unter Anrechnung von elf Monaten Untersuchungshaft zu einer Gefängnisstrafe von einem Jahr sechs Monaten verurteilt". In der Urteilsbegründung hieß es: *„Was die politische Einstellung [...] betrifft, so ist sie vor der nationalen Erhebung zwar im Holzarbeiterverband organisiert gewesen, [habe] im Übrigen aber einer politischen Partei nicht angehört [...]. Immerhin war sie [...] kommunistisch eingestellt. Das konnte schon im Hinblick auf ihre nächsten Angehörigen gar nicht anders sein."*

Else Seyerle

Im Juli 1945 schrieb Else Seyerle über diese Zeit: *„Nach der Machtergreifung Hitlers betätigte sich meine ganze Familie illegal gegen den Faschismus, wobei mein Ehemann und mein Sohn durch Verrat vom Sondergericht zu längeren Freiheitsstrafen verurteilt wurden. Ich selbst setzte diese Tätigkeit auch nachher noch fort und benützte zur Aufrechterhaltung der Verbindung zu einer Freundin, die wegen ihrer antifaschistischen Tätigkeit verfolgt wurde und unter falschem Namen in Solingen lebte, eine Deckadresse. [...] Trotz schwerer Erkrankung musste ich meine ganze Strafe verbüßen und habe dadurch einen dauernden körperlichen Schaden erlitten."* Zunächst wurde Else Seyerle in Stuttgart, später im Frauengefängnis Gotteszell eingesperrt.[9]

Einen bezeichnenden Hinweis auf die Position von Frauen in Deutschland nach dem Zweiten Weltkrieg gibt eine Notiz der „Landesbezirksstelle für die Wiedergutmachung Stuttgart" an Else Seyerle: *„Wir sind nicht abgeneigt, Ihnen eine Beihilfe zu verwilligen, benötigen jedoch zuvor die Zustimmungserklärung Ihres Ehegatten, wonach er mit einer Zahlung an Sie einverstanden ist."*[10]

1965 berichtete die Ludwigsburger Kreiszeitung, dass die Mitarbeiterin des DGB, Else Seyerle, das Bundesverdienstkreuz am Bande bekommen hatte. *„Frau Seyerle erhielt diese Auszeichnung, wie der DGB mitteilte, für ihre stetige Mitarbeit in verschiedensten demokratischen Organisationen, Vereinen und Gremien, in denen sie vom 16. Lebensjahr an mitarbeitete, zum Wohl und Aufbau der Demokratie."*[11]

---

8   *Staatsarchiv Ludwigsburg, EL 350 I, Bü 5741.*
9   *Streiflichter 5.*
10 *Staatsarchiv Ludwigsburg, EL 350 I, Bü 5742.*
11 *Ludwigsburger Kreiszeitung, Ausgabe Besigheim, vom 12. April 1965.*

Ludwigsburg

Eine organisierte Widerstandsgruppe in Ludwigsburg ist unbekannt. Es gab jedoch eine Reihe in dieser Hinsicht aktiver Kommunisten und Sozialdemokraten. Im Hinterhaus der Gaststätte „Krone" war beispielsweise eine illegale Anlaufstelle der KPD. Karl Römer, der SPD-Vorsitzende für das Gebiet Backnang/Gaildorf, der in Ludwigsburg wohnte, war eine Anlaufstelle für Flugblatt-Verteiler. Die Flugblätter wurden illegal aus der Schweiz über Straßburg nach Ludwigsburg gebracht. Auch vom emigrierten SPD-Parteivorstand in Prag sollen Flugblätter nach Ludwigsburg gekommen sein.[12]

Manche gewerkschaftlich und politisch Engagierte aus Ludwigsburg bezahlten ihren Widerstand gegen das NS-Regime mit dem Leben. Franz Martin war als Holz-Gewerkschafter und KPD-Mitglied auch in der Illegalität aktiv. Karl Kunde schreibt über ihn: „In Erinnerung ist mir noch, welche Methode der Genosse Franz Martin entwickelt hatte. Er trug sein ganzes ‚Büro' in einer Streichholzschachtel stets bei sich. Hier waren seine wichtigsten Aufzeichnungen untergebracht, die er im Notfall sofort hätte verschlucken können."[13]

In seiner Wohnung wurden „viele Jahre später, lange nach dem Ende der faschistischen Herrschaft, Unterlagen der kommunistischen Partei hinter einem Küchenschrank gefunden. Wie man sich im ‚Täle' berichtete, durchaus zum Schrecken seiner Vermieterin, die sich ausmalte, was passiert wäre, wenn das Material bei einer der Hausdurchsuchungen seinerzeit entdeckt worden wäre."[14]

Martin wurde im November 1935 verhaftet und in der 20-monatigen Untersuchungshaft in der Stuttgarter Gestapo-Zentrale „Hotel Silber" schwer misshandelt. Weil seine Tätigkeit nach Ansicht der Nazis „Gefährdung der öffentlichen Ordnung und Sicherheit" bedeutete, sperrten sie ihn im Folgenden in verschiedene Konzentrationslager. Am 5. Januar 1940 starb er im KZ Dachau wegen angeblicher „Nichteinhaltung der Diät"

Franz Martin – Arbeiter mit politischem Engagement

Fritz Züfle, Leiter der Kornwestheimer Ortsgruppe des Einheitsverbandes der Eisenbahner, kam als Zugschaffner oft nach Friedrichshafen, nahm Kontakt zu NS-Gegnern in der Schweiz auf und verbreitete Flugblätter und anderes im Bahnhof Ulm. Bei einer Razzia im Mai und Juni 1938 wurden 35 Personen, meist Eisenbahner ver-

---

12 *Streiflichter 1.*
13 Karl Kunde, *Odyssee eines Arbeiters.*
14 *Stolpersteine in Ludwigsburg: Zu Besuch bei verfolgten Nachbarn,* Ludwigsburg 2010.

Ludwigsburg

Möglichst viel Öffentlichkeit gegen das Nazi-Regime zu mobilisieren, war die Hoffnung von Willi Bader.

haftet. Züfle, der mit seiner Frau festgenommen wurde, starb in Gestapohaft.

Wilhelm Bader war für die KPD in den Gemeinderat nachgerückt und brachte neben seiner Tätigkeit als Hilfsarbeiter verschiedene Informationsschriften heraus – wie beispielsweise die hier abgebildete „Ludwigsburger Arbeiter-Zeitung". Er gehörte zu den 18 Männern und zwei Frauen, die in der Stadt bereits in den Morgenstunden des 11. März 1933 verhaftet wurden. Mit Unterbrechungen war er in den Konzentrationslagern Heuberg, Oberer Kuhberg, Welzheim, Mauthausen und Dachau.

Ein mit ihm gefangener Pfarrer schrieb über ihn: „[...] Willy hatte das frohe Lachen verlernt. [...] Der arme Tropf musste Grausiges erlebt haben. [...] Wenn wir in Dachau nur Blockpersonal und Kapos à la Willy Bader gehabt hätten, wären tausende Kameraden am Leben geblieben. [...] Leider ist dieser kreuzbrave und stets hilfsbereite Bader kurz vor der Befreiung am 10. März 1945 gestorben." [15]

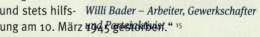

Willi Bader – Arbeiter, Gewerkschafter und Parteiaktivist.

jof / Walter Mugler

---

15 Ebenda.

Nürtingen

> abends 9—12 Uhr, Sonn- und Feiertags geschlossen.
> H Städtische Herberge, Wespennest Nr. 9.
> **Nürtingen, Bez. Stuttgart. B Wilh. Heinrich, Katharinenstraße.**
> **K Ernst Richter, Lampertstr. 9.**
> Oberbruch zu M.-Gladbach.
> Oberbrügge und Umg. (Westf.), Bez. Hagen. B-K Geschäftsf.:

Aus dem Adressbuch des Deutschen Metallarbeiter-Verbands für 1933

Wilhelm Heinrich wurde 1903 in Neckarhausen geboren. Er war Mechaniker und ist wohl erst nach 1925 nach Nürtingen zugezogen. Der Sozialdemokrat gehörte zu den ganz wenigen jungen Leuten innerhalb der Nürtinger SPD, für die er im Dezember 1931 (erfolglos) zum Gemeinderat kandidierte. Im Juli 1931 firmierte er als Bevollmächtigter des Deutschen Metallarbeiterverbands Verwaltungstelle Nürtingen. 1932/Anfang 1933 stand Heinrich der Eisernen Front in Nürtingen vor. Im Juli 1933 zog er nach Esslingen um.

Der Mechaniker Ernst Richter, geboren 1888 in Schlierbach, gehörte im April 1920 zu den Mitbegründern der Nürtinger KPD. Im Spätsommer 1920 hatte er den Vorsitz im neu gebildeten Nürtinger Gewerkschaftskartell inne. Um 1927 trat er aus der KPD aus und in die SPD ein (offenbar zusammen mit Albert Klein, dem Betriebsratsvorsitzenden der Maschinenfabrik Esslingen – vielleicht ist das ein Hinweis darauf, dass er damals, wie viele Nürtinger Metallarbeiter, auswärts beschäftigt war.) 1928 und 1931 kandidierte er (gleichfalls erfolglos) für die SPD zum Nürtinger Gemeinderat. Im Juli 1933 erschien im „Nürtinger Tagblatt" ein Aufruf der NSBO an die Metallarbeiter des Bezirks, ihre alten Mitgliedsbücher bei „Kassierer" (wohl der NSBO) abzugeben. Ob Richter sich zu diesem Zeitpunkt bewusst dem Regime zur Verfügung stellte oder ob und in welcher Weise er dazu gezwungen wurde, ergibt sich nicht aus den Akten.

Reinhard Tietzen, Stadtarchiv Nürtingen

> **Deutscher Metallarbeiter-Verband**
> **Verwaltungsstelle Nürtingen.**
> Es ergeht hiermit an die in Nürtingen und im Bezirk beschäftigten Metallarbeiter und Erwerbslose die letzte Aufforderung, ihre alten Mitgliedsbücher sowie die Beitrittsscheine bis **Samstag, den 22. 7. 33** (äußerster Termin) an die Betriebsvertrauensleute oder an Kassier E. Richter, Lampertstraße 9 abzugeben.
> **Der Beauftragte der N.S.B.O.**
> Ernst Fischer.

Im Juli 1933 erschien diese Anzeige im „Nürtinger Tagblatt". Dass Ernst Fischer, einer der führenden Nazis der Stadt, den Kassierer Ernst Richter als Ansprechpartner benennen konnte, lässt den Schluss zu, dass Richter wohl sein Amt als Kassierer behalten hat, nicht aber seine Überzeugung als Gewerkschafter ...

Lörrach

Das Gewerkschaftshaus in der Tumringer Straße (heute Platz vor der Sparkasse) nach der Nazi-Besetzung

Gewerkschafter in Lörrach: kriminalisiert und eingesperrt[1]

Seit 1890 war in Lörrach der „Tag der Arbeit" von der Arbeiterbewegung begangen worden. Die Nazis machten daraus einen „Tag der nationalen Arbeit"; doch den skeptischen Teil der Arbeiterschaft erreichten sie auch damit nicht: „Einen solchen grandiosen Festzug hat Lörrach noch nie in seinen Mauern gesehen", schrieb die NS-Presse über die etwa 3.000 Teilnehmerinnen und Teilnehmer – das waren deutlich weniger als an anderen politischen Aufmärschen, die Lörrach schon erlebt hatte. Bewusst hatte man beim Aufmarsch in der Dammstraße vor dem „Wiesentäler Hof" haltgemacht, um ausgerechnet im „Kommunistenviertel" die neuen Machtverhältnisse zu demonstrieren: Eine Straße wurde umbenannt und eine Fahne der Eisernen Front öffentlich verbrannt.

Paul Herbster, langjähriges SPD-Mitglied, hat in seinen bald nach dem Krieg aufgeschriebenen Erlebnissen geschildert, wie er und etliche Kollegen dem Spektakel der Nazis aus dem Weg gingen: „Noch am Vorabend des 1. Mai haben wir uns fast unbemerkt mit dem Fahrrad abgesetzt und am Hohen Felsen (bei Endenburg) unsere Zelte aufgebaut. Noch in der Nacht trafen noch weitere Kameraden ein. Andere Kameraden wollten erst am Morgen des 1. Mai zu uns kommen, aber ab 5 Uhr in der Frühe

---

1 Der Text stützt sich ganz überwiegend auf Hubert Bernnat, 125 Jahre Arbeiterbewegung im Dreiländereck – die Geschichte der Lörracher SPD; Lörrach 1993.

Lörrach

hatte die SA alle Ausfallstraßen abgeriegelt. Auch die Brücken über die Wiese waren gesperrt. Kurz entschlossen durchquerten meine Kameraden mit dem Fahrrad die Wiese etwa in Höhe [der Firma] KBC. Im Laufe des Vormittags waren wir dann alle ‚Unentwegten' am Hohen Felsen. Aus Sicherheitsgründen kehrten wir erst in der Nacht nach Lörrach zurück."

Am 2. Mai holten die Nationalsozialisten auch in Lörrach zum großen Schlag gegen die Gewerkschaften aus. Mit Unterstützung der SA wurden durch Angehörige der NSBO das Gewerkschaftshaus der freien Gewerkschaften in der Tumringer Straße am heutigen Senigallia-Platz, die Büros des Textilarbeiterverbandes in der Vorstadt und die des Metall- und Bauarbeiterverbandes durchsucht und besetzt.

Die beiden Gewerkschaftssekretäre Peter Lautenschläger vom Bauarbeiterverband und Friedrich Mayer vom Gewerkschaftskartell, die am 10. März schon einmal verhaftet worden waren, wurden jetzt erneut festgenommen. Sie wurden zwar wieder freigelassen, verloren aber ihre Arbeit als Gewerkschaftssekretäre. Es mutete für die Kolleginnen und Kollegen reichlich unverfroren an, wenn behauptet wurde, diese Aktion sei „nicht gegen die Arbeiterschaft" gerichtet, sondern habe den Sinn, „die bisher marxistisch eingestellten Gewerkschaften von dem Gift der marxistischen Idee zu bereinigen".

In starkem Maße waren nun auch die gewerkschaftlich orientierten Mitglieder des Zentrums dem Druck ausgesetzt. Mitte Mai verzichtete der Sekretär des christlichen Gewerkschaftskartells, Albert Kaiser, wohl nicht ganz freiwillig, auf sein Stadtratsmandat, das er seit 1919 innegehabt hatte. Anfang Juli wurden gleichzeitig Adolf Kieslich, ein alter Kämpfer der Arbeiterbewegung und erklärter Nazi-Gegner, mittlerweile aber auch schon fast 60 Jahre alt, als Sekretär des sozialdemokratischen Textilarbeiterverbandes und das Zentrumsmitglied Josef Kindle als Sekretär des christlichen Textilarbeiterverbandes entlassen.

Die Aktion gegen die Gewerkschaften und andere aus der Arbeiterbewegung hervorgegangene Organisationen war propagandistisch vorbereitet. Im Vorfeld war besonders im „Alemanne" immer wieder behauptet worden, dass bei diesen Organisationen Geldverschwendung und finanzielle Unregelmäßigkeiten gang und gäbe seien. Dadurch versuchte man, die Gewerkschaftssekretäre zu diffamieren und zu kriminalisieren; gleichzeitig sollte in der Bevölkerung eine Stimmung gegen die „Gewerkschaftsbonzen" erzeugt werden – ganz wie im zentralen Anleitungsschreiben der von Nazi-„Reichsorganisationsleiter" Robert Ley vorgegeben worden war.

Standardisierte Pressetexte begleiteten die Anti-Gewerkschafts-Aktionen der Nazis

Mannheim

Hochverrat durch Zeitunglesen
Die Anklage gegen Karl Eichhorn aus Mannheim – ein Lehrstück

Zwei knappe Briefe und Auszüge aus einer ellenlangen Anklageschrift machen anschaulich, wie rigoros die Nazis mithilfe von Knebelgesetzen Kritiker stumm machen wollten. Nebenbei gibt der Schriftsatz des Staatsanwalts einen interessanten Einblick in die Konzepte und Methoden von Widerstand im Dritten Reich.

Schreiben der Firma Bopp & Reuther an Karl Eichhorn, 11. Mai 1933[1]

> Herrn Karl Eichhorn
> Mannheim-Waldhof
> Heidestr. 9
>
> Wir haben Kenntnis erhalten, daß Sie sich in Schutzhaft befinden. Dadurch sind Sie zur Fortsetzung der Arbeit unfähig und wir behalten uns aus dieser Tatsache alle Rechte vor.
>
> Hochachtungsvoll
> Bopp & Reuther GmbH

Kündigungsschreiben der Armaturenfabrik Bopp & Reuther, 30. Mai 1933[2]

> *Einschreiben*
>
> Herrn Karl Eichhorn
> Mannheim-Waldhof
> Heidestr. 9
>
> Mannheim-Waldhof, den 30. Mai 1933
>
> Wir lösen hiermit das Arbeitsverhältnis auf und begründen die Kündigung unter Beziehung auf das Gesetz vom 4. 4. 33 Artikel II mit dem Verdacht staatsfeindlicher Einstellung.
>
> Ihre Arbeitspapiere werden Ihnen durch die Post zugestellt.
>
> Hochachtungsvoll
> Bopp & Reuther GmbH

---

1 *Archiv IG Metall Mannheim.*
2 *Ebenda.*

Mannheim

Aus der **Anklageschrift des Generalstaatsanwalts wegen Vorbereitung zum Hochverrat**
gegen Karl Eichhorn und andere, 25. August 1936

[...]

I. Persönliche Verhältnisse der Beschuldigten

Der Beschuldigte Karl Eichhorn wurde am 27. August 1882 in Mannheim als Sohn des Formermeisters Christian Eichhorn und seiner Ehefrau Monika geb. Breunig geboren. In Mannheim besuchte er die Volksschule und erlernte nach der Schulentlassung das Modellschreinerhandwerk. Nach der Lehrzeit begab er sich auf Wanderschaft in verschiedene Städte Deutschlands.

Vom 22. Oktober 1902 bis 26. September 1904 diente er beim Infanterieregiment 111. Am 6. August 1914 wurde er ins Feld eingezogen und war dort dem Infanterieregiment 40 zugeteilt. Am 27. September 1915 geriet er in russische Gefangenschaft. Am 21. November 1918 wurde er aus dem Heeresdienst entlassen.

Nach seiner Rückkehr in die Heimat fand er eine Anstellung bei der Firma Bopp & Reuther in Mannheim. Da er dort das Amt eines sozialdemokratischen Betriebsratsmitglieds bekleidete, wurde er bei der nationalen Erhebung entlassen. Er fand dann wieder Arbeit und war zuletzt bei den Motorenwerken in Mannheim gegen einen Wochenverdienst von 40 Reichsmark beschäftigt.

Verheiratet ist Eichhorn seit 27. Juli 1907 mit Sophie Möst. Er hat zwei Kinder im Alter von 28 und 16 Jahren.

Eichhorn ist freireligiös. Schon vor dem Kriege trat Eichhorn der SPD bei und gehörte ihr bis zum Verbot an. Auch war er Leiter der marxistischen Organisation der Kinderfreunde in Mannheim-Waldhof. Jetzt ist er Mitglied der Deutschen Arbeitsfront. Vorbestraft ist Eichhorn nicht. [...]

II. Allgemeine Darstellung
des in Frage stehenden hochverräterischen Unternehmens

Nach der nationalen Erhebung 1933 und der dadurch bedingten Flucht der höheren sozialdemokratischen Parteifunktionäre in das Ausland hat sich unter Führung des ehemaligen sozialdemokratischen Reichstagsabgeordneten Wels ein neuer Parteivorstand der SPD in Prag gebildet [...]. Die illegale Arbeit der SPD in Deutschland bestand im wesentlichen darin, dass [...]ein illegaler Parteiapparat aufgezogen wurde, in dem sich die von den inländischen illegalen Funktionären wieder zu sammelnden

Mannheim

ehemaligen und neuen SPD-Anhänger zum Kampf gegen Nationalsozialismus und Faschismus zusammenschlossen. Der Zusammenhalt unter diesen Anhängern wurde dadurch aufrechterhalten, dass sie regelmäßig mit dem im Ausland hergestellten und heimlich nach Deutschland eingeführten Organ der illegalen SPD, der „Sozialistischen Aktion", beliefert wurden. Für die Lieferung hatten die Anhänger kleinere Geldbeträge zu entrichten, mit denen die Unkosten des Parteiapparates bestritten werden sollten.

Im Laufe der gegen die illegale SPD in Südwestdeutschland unternommenen Aktion wurden drei große Zentren in Mannheim für Nordbaden in Freiburg für Südbaden und in Stuttgart für Württemberg festgestellt. [...] Der Bezirk Mannheim war wieder in Unterbezirke eingeteilt und zwar, soweit das Stadtgebiet in Frage kam, in die einzelnen Stadtteile und Vororte. Auf dem Land waren die Unterbezirke aus mehreren Gemeinden zusammengefasst. An der Spitze des Unterbezirks stand jeweils ein besonderer Leiter, der hauptsächlich für die Zusammenfassung und Neuwerbung von Anhängern, für die Druckschriftenverbreitung innerhalb seines Unterbezirks und für den Einzug und die Ablieferung der Gelder zu sorgen hatte. Für die „Sozialistische Aktion" sollte bei der Weitergabe für das Stück 10 Pfennig, von Besserbemittelten auch mehr, von Arbeitslosen 5 Pfennig erhoben werden. Zuletzt wurde die „Sozialistische Aktion" in einer Auflage von etwa 1.500 Stück in Mannheim und Umgebung verbreitet. [...]

III. Die allgemeinen Ziele der illegalen SPD

Mit der Auflösung der SPD und ihrer Nebenorganisationen und zugleich mit der Beseitigung des alten Parteienstaates wurde der SPD für die Zukunft jede Möglichkeit eines gesetzmäßigen Wiederaufbaues und einer parlamentarischen Betätigung genommen. Dementsprechend ist auch die im Ausland wiedererstandene illegale SPD ausdrücklich von ihrer früheren gemäßigten Kampfesweise abgerückt und erstrebt nunmehr unter Propagierung einer Einheitsfront mit der KPD mit allen Mitteln den gewaltsamen Sturz der Regierung Hitlers, also die gewaltsame Änderung der Verfassung des Deutschen Reiches. Dieses hochverräterische Ziel der SPD ergibt sich eindeutig aus dem Inhalt der von ihr hergestellten und vertriebenen Druckschriften, insbesondere der „Sozialistischen Aktion".

Im übrigen sucht die SPD noch durch eine maßlose Lügen- und Greuelhetze, das Ansehen der nationalsozialistischen Regierung zu untergraben und auch so den Boden für einen gewaltsamen Umsturz vorzubereiten. Eines ihrer Hauptmittel zur Beeinflussung der Massen in ihrem Sinn sind illegale Zeitungen und Druckschriften, die fast ausschließlich im Ausland hergestellt und von dort auf geheimen Wegen nach Deutschland eingeführt werden. Alle diese Tatsachen sind gerichtsbekannt.

Mannheim

IV. Die Tätigkeit der Beschuldigten im einzelnen

Der Beschuldigte Karl Eichhorn erhielt zunächst im August oder September 1934 ein bis zwei mal eine Nummer der „Sozialistischen Aktion" von dem Beschuldigten Hinterberger gebracht, der in ihm, der sich früher aktiv in der marxistischen Organisation der Kinderfreunde betätigt hatte, offenbar einen zuverlässigen Gesinnungsgenossen sah.

Im Frühjahr 1935, vermutlich in den Monaten März oder April, wurde Eichhorn von dem damaligen politischen Leiter der illegalen SPD für Mannheim, dem durch Urteil des Volksgerichtshofs vom 26. November 1935 abgeurteilten Karl Mayer aufgesucht [...]. Mayer fragte Eichhorn, ob er jemand wisse, der bereit sei, illegal zu arbeiten. Eichhorn erwiderte ihm zunächst, er selbst komme hierfür nicht in Frage, denn seine Frau sei krank, er könne sich um die illegale Arbeit wegen Zeitmangels daher nicht kümmern.

Hierauf verabschiedete sich Mayer, hinterließ dem Eichhorn jedoch ein Paket mit einigen illegalen Broschüren, die durch Reklame über Rasierklingen und Nähmaschinen getarnt waren. Diese Broschüren will Eichhorn zerrissen haben. Nach acht Tagen kam Mayer wieder zu Eichhorn und erkundigte sich nochmals nach einer für die illegale Arbeit geeigneten Persönlichkeit. Eichhorn führte ihn nun zu dem Beschuldigten Hinterberger, der dann auch auf die Vorschläge Mayers einging. Am nächsten Tage erschien Hinterberger bei Eichhorn, sprach mit ihm über die Frage des Kassiererens bei der illegalen Arbeit und brachte ihm einige Exemplare der „Sozialistischen Aktion". Die Zeitschriften hat Eichhorn gelesen und dann, wie er glaubhaft angibt, verbrannt.

Eichhorn, der hierzu allerdings noch nicht gehört worden ist, hat nach den Angaben des Hinterberger ferner, vermutlich ebenfalls im Frühjahr 1935, eine weitere Lieferung von etwa 20 Nummern der „Sozialistischen Aktion" erhalten. Es handelte sich um einen Teil von Druckschriften, die Hinterberger bei einer Versammlung der illegalen SPD im Mannheimer Keglerheim erhalten hatte. [...]

Mannheim

V. Rechtliche Würdigung

Die Beschuldigten sind im wesentlichen geständig und suchen ihr Verhalten lediglich teilweise durch die Angabe geringerer Mengen von ihnen bezogener oder weitergegebener Druckschriften zu beschönigen. Die ihnen zur Last gelegten Taten erfüllen den Tatbestand des Verbrechens der Vorbereitung zum Hochverrat [...]. Die Beschuldigten Konzett und Hinterberger sind als Funktionäre der illegalen SPD anzusehen, denn sie haben eine wesentlich umfangreichere Tätigkeit entwickelt als die anderen Beschuldigten. Bei Hinterberger fällt besonders ins Gewicht, dass er auch an einer illegalen Versammlung teilgenommen und sich dort die Instruktionen für seine Tätigkeit geholt hat. Alle übrigen Beschuldigten sind nur als Anhänger der illegalen SPD ohne besondere Funktionen anzusehen. Sie waren die untersten Glieder der Organisation. [...] Die hochverräterische Tätigkeit dieser Beschuldigten besteht nicht allein in der Entgegennahme der illegalen Zeitschrift, sondern auch darin, dass sie sich eben dadurch zu einer neuen SPD zusammengeschlossen haben. Der Bezug der „Sozialistischen Aktion" war das äußere Bindeglied der Organisation.

Aber auch subjektiv liegen bei allen Beschuldigten Tatbestandsvoraussetzungen [...] vor. Alle Beschuldigten sind alte, durch die Schule der früheren SPD und des Reichsbanners oder sonstiger marxistischer Verbände gegangene Marxisten. Schon deswegen mussten ihnen die hochverräterischen Ziele der SPD genau bekannt sein, die übrigens regelmäßig in den ihnen gelieferten und von ihnen gelesenen „Sozialistischen Aktionen" mit aller Deutlichkeit besprochen worden sind.

Eine Verjährung [...] kommt bei den Beschuldigten, die die Druckschriften verbreitet haben, schon deshalb nicht in Frage, weil sie sich noch allgemein [...] bei der Herstellung und Aufrechterhaltung eines organisatorischen Zusammenhalts der illegalen SPD betätigt haben. Alle Beschuldigten haben sich somit der Vorbereitung zum Hochverrat [...] schuldig gemacht.

Ich klage daher die Beschuldigten Karl Friedrich Konzett aus Karlsruhe, Wendelin Pauels aus Mannheim, Karl Eichhorn aus Mannheim, Viktor Emil Hinterberger aus Frankenthal, Wilhelm Michel aus Mannheim, Ludwig Röder aus Ludwigshafen a. Rh., Georg Roth aus Offenbach a. M. und Karl Willi Eichstädter aus Mannheim an, dass sie unter sich in bewusstem und gewolltem Zusammenwirken, also gemeinschaftlich, und in fortgesetzter Tat ein hochverräterisches Unternehmen vorbereitet haben, wobei die Tat

a) bei sämtlichen Beschuldigten darauf gerichtet war, zur Vorbereitung des Hochverrats einen organisatorischen Zusammenhalt herzustellen und aufrechtzuerhalten,

b) bei den Beschuldigten Konzett, Hinterberger, Michel und Röder auch auf Beeinflussung der Massen durch Verbreitung von Schriften gerichtet war.

Mannheim

1. Karl Friedrich Konzett hat seit Beginn des Jahres 1934 in Mannheim von Schäff, einem Unterverteiler der illegalen SPD, laufend die hochverräterische Druckschrift „Sozialistische Aktion" bezogen und für die Lieferung gelegentlich 25 bis 30 Pfennig bezahlt. In der Zeit von Juni bis Oktober 1935 hat sich Konzett von dem illegalen Unterbezirksleiter Rosenzweig mit der „Sozialistischen Aktion" beliefern lassen und hat nunmehr einige Exemplare an Schäff und an Degethof weitergegeben. Von Schäff hat er sich zweimal 10 Pfennig bezahlen lassen.

2. Wendelin Pauels hat in der Zeit von März bis Mai 1935 in Mannheim von Schäff mehrmals die „Sozialistische Aktion" bezogen und hierfür einmal 10 Pfennig bezahlt.

3. Karl Eichhorn hat seit Herbst 1934 bis Frühjahr 1935 in Mannheim von dem Beschuldigten Hinterberger und von Karl Mayer, dem politischen Leiter der illegalen SPD für Mannheim, die Druckschrift „Sozialistische Aktion" bezogen.

4. Viktor Emil Hinterberger hat seit Frühjahr 1934 bis zum Frühjahr 1935 in Mannheim von den Beschuldigten Röder und Michel sowie von dem illegalen Leiter Mayer wiederholt die „Sozialistische Aktion" bezogen und teilweise an die Beschuldigten Roth, Eichhorn und Eichstädter und Michel weiterverteilt. Im Frühjahr 1935 hat Hinterberger an einer Versammlung der illegalen SPD im Mannheimer Keglerheim teilgenommen.

5. Wilhelm Michel hat in der Zeit vom Frühjahr 1934 bis Frühjahr 1935 in Mannheim von dem illegalen Funktionär Gustav Dieter sowie von dem Beschuldigten Hinterberger mehrmals mehrere Nummern der „Sozialistischen Aktion" bezogen und teilweise an die Beschuldigten Hinterberger, Röder und Roth weitergegeben.

6. Ludwig Röder hat im Frühjahr 1934 in Mannheim zweimal von dem Beschuldigten Michel die „Sozialistische Aktion" bezogen und sie weisungsgemäß an den Beschuldigten Hinterberger weitergegeben.

7. Georg Roth hat im Laufe des Jahres 1934 in Mannheim von den Beschuldigten Michel und Hinterberger mehrmals die „Sozialistische " bezogen.

8. Karl Willi Eichstädter hat im Laufe des Jahres 1934 in Mannheim von dem Beschuldigten Hinterberger zweimal die „Sozialistische Aktion" bezogen.

[...] Ich beantrage, gegen die Beschuldigten Hauptverhandlung vor dem Strafsenat des Oberlandesgerichts Karlsruhe anzuordnen und die Untersuchungshaft für fortdauernd zu erklären.

Reutlingen

Ein stattliches Haus zu Füßen der Achalm: Für viele Jahre der Sitz der Reutlinger Gewerkschaften

Widerrechtliche Besetzung in drei Anläufen

Nach der Aufhebung des Sozialistengesetzes gründete sich als erste Gewerkschaft in Reutlingen 1890 der Verband der Holzarbeiter. Im selben Jahr wurde Ecke Wernerstraße/Lederstraße ein Wirtschafts- und Wohngebäude erstellt, das spätere Gewerkschaftshaus. Das Gasthaus „Deutsches Haus" wurde am 15. Januar 1891 eröffnet.

Erst im Jahre 1920 waren sich die Vereinigten Gewerkschaften Reutlingens einig, das „Deutsche Haus" pachtweise zu übernehmen. Zum Preis von 165.000 Reichsmark plus 35.000 Mark für das Inventar wurde das Gebäude erworben. Auf Anregung des Konsum- und Sparvereins, der einen Laden benötigte, wurde 1924 die Erweiterung des Hauses beschlossen. Eigentümer für die nicht rechtsfähigen Vereinigten Gewerkschaften waren Ernst Hipp und Gottlob Sigmund.

Das Gewerkschaftshaus wurde zum Zentrum der Reutlinger Arbeiterbewegung. Am 1. Mai 1925 wurde das erweiterte Haus eingeweiht. Ende Januar 1932 bildete sich in Reutlingen das politische Aktionsbündnis „Eiserne Front", in dem sich die SPD, die Vereinigten Gewerkschaften, das Ortskartell der Angestelltenausschüsse, das Reichsbanner und das Arbeitersport- und Kulturkartell zusammenschlossen.

Reutlingen

Zu den Reichstagswahlen fand am 29. Juli 1932 in Reutlingen der Hitlertag statt. Hitler landete mit dem Flugzeug in Böblingen. Seine Wagenkolonne nahm aber nicht den direkten Weg über Tübingen, sondern fuhr durch das Steinlachtal und über Bronnweiler und Gönningen, weil sie angeblich beim Gewerkschaftshaus von Bewaffneten erwartet worden wären. Nach der Wahlkampfrede Hitlers auf der Rennwiese versuchen faschistische Verbände in die Büros der „Freien Presse" und in das Gewerkschaftshaus einzudringen. Bis in die Nacht hinein machten Hitler-Anhänger auf ihrem Heimweg unliebsame Bekanntschaft mit den Antifaschisten der Sickenhäuser Straße.

Am 30. Januar 1933 wurde Adolf Hitler von Reichspräsident Hindenburg zum Reichskanzler ernannt. Der von der KPD geplante Generalstreik fand am 31. Januar nur im benachbarten Mössingen statt. Die Übermittlung der Nachricht, dass der Generalstreik abgeblasen wurde, kam zu spät. Beim Mössinger Streik sprach der kommunistische Reutlinger Stadtrat Fritz Wandel zu den Streikenden. Eine halbe Hundertschaft der Reutlinger Schutzpolizei hat den Zug der Streikenden ohne größere Gegenwehr aufgelöst. Es gab 58 Verhaftungen. Die wegen Landfriedensbruch und Vorbereitung zum Hochverrat angeklagten Beteiligten wurden zu Haftstrafen bis zu viereinhalb Jahren verurteilt. In vielen Fällen schloss sich eine KZ-Haft an.

Bei der antifaschistischen Demonstration von Eiserner Front und KPD gegen die Ernennung Hitlers zum Reichskanzler am 3. Februar in Reutlingen kam es zu tätlichen Auseinandersetzungen zwischen Antifaschisten und Nationalsozialisten. Es sollte die letzte dieser Art für zwölf Jahre sein. Der kommunistische Stadtrat Fritz Wandel wurde nach dem Mössinger Generalstreik amtsenthoben.

Nach dem Reichtagsbrand am 27. Februar kam es am 1. März in Reutlingen zu Hausdurchsuchungen bei kommunistischen Funktionären, die KPD wurde illegalisiert. Am 11. März wurden 15 Reutlinger KPD-Funktionäre verhaftet, darunter Stadtrat Fritz Wandel. 14 Reutlinger KPDler kamen am 20. März in das „Schutzhaftlager" Heuberg.

Bei der Novemberrevolution 1918 durfte der Arbeiterrat auf dem Reutlinger Rathaus mit Genehmigung des Stadtoberhaupts die Rote Fahne hissen. Diese Schmach wollten die Nationalsozialisten wettmachen. Die SA zog am 8. März Hakenkreuzfahnen auf dem Rathaus und

Waffen und Uniformen ersetzen die juristische Grundlage: SA vor dem Reutlinger Gewerkschaftshaus.

Reutlingen

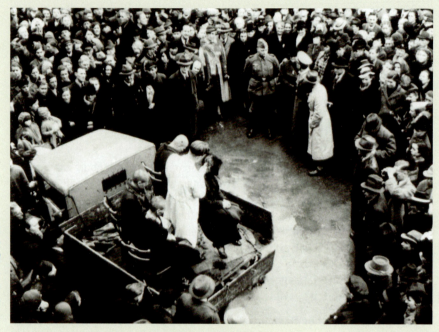

Die Nazis wüteten auch in Reutlingen mit allen Demütigungen und Erniedrigungen widerwärtiger Propaganda wie öffentlichem Haarescheren.

drei weiteren öffentlichen Gebäuden auf. Das Rathaus wurde dazu für 24 Stunden unter den Schutz eines Sturmbannführers gestellt.

Am 13. März verbot der württembergische Polizeikommissar von Jagow die Eiserne Front und das Reichsbanner Schwarz-Rot-Gold. Am 24. März, zur Verabschiedung des Ermächtigungsgesetzes, wurde das Gewerkschaftshaus erstmals besetzt. Auch die Redaktion der „Freien Presse" wurde von Polizei, SA und SS durchsucht und Redakteur Georg Bayer verhaftet. Die zweite Besetzung des Gewerkschaftshauses fand am 11. April statt. Am 12. April wurde der Vorsitzende der Vereinigten Gewerkschaften Reutlingens, Albert Blon, verhaftet. Führende Reutlinger SPDler wurden am 19. April ins „Schutzlager" Heuberg abtransportiert.

Trotzdem steuerte der Allgemeine Deutsche Gewerkschaftsbund (ADGB) zur Bestandsrettung einen Kurs der Anpassung. Der ADGB-Vorstand rief sogar zur Teilnahme am faschistischen „Tag der nationalen Arbeit" auf. Am 30. April verteilten Reutlinger Kommunisten Flugblätter, riefen zum Boykott des 1. Mai auf. Am 2. Mai wurde das Gewerkschaftshaus zum dritten Mal und endgültig besetzt. Die Gewerkschaften wurden an diesem Tag reichsweit zerschlagen. Die Reutlinger Gewerkschaftsführer waren schon alle in „Schutzhaft" im KZ Heuberg. Dorthin reiste Fritz Krimmel, Kreiswalter der „Deutschen Arbeitsfront", mit Formularen, auf denen die Gewerkschafter ihren „freiwilligen Rücktritt" unterschreiben mussten.

Reutlingen

Nach der Besetzung des Gewerkschaftshauses durch die SA am 24. März verwaltete die Nationalsozialistische Betriebszellenorganisation (NSBO) das Haus samt Gaststätte „Deutsches Haus", die nun von der Arbeiterschaft konsequent boykottiert wurde. Durch ihr Verbot blieben auch die Arbeitervereine aus. Trotz der Herabsetzung des Bierpreises (Schwabenbräu) auf 20 Pfennig und des Aufrufs am 10. Juni 1933: *„Deutsche Volksgenossen! Setzt Euch ein, dass Eure Gaststätte einen Besuch aufzuweisen hat und erkämpft eine Tradition für Euer Volkshaus!"* wollte die Wiederbelebung des „Deutschen Hauses" nicht gelingen. Durch Zwangsversteigerung fiel das Gewerkschaftshaus 1936 an die beliefernde Brauerei.

Beim Luftangriff vom 15. Januar 1945 wurde das „Deutsche Haus" total zerstört. Das ausgebrannte Erdgeschoss wurde 1947 notdürftig überdacht, um Raum zu gewinnen. Ab September 1945 durften in Reutlingen wieder freie Gewerkschaften aufgebaut werden. Gegenüber der Brauerei Leicht wurden ab November 1948 die Besitzansprüche am Gewerkschaftshaus energischer vertreten. Da vor der Beschlagnahme Ernst Hipp und Gottlob Sigmund die Besitzer waren, mussten sie das Gebäude formal an die Gewerkschaften zurückgeben. Das zerstörte Haus wurde gemäß der „Verordnung über die Rückerstattung geraubter Vermögenswerte" am 1. Juni 1949 zurückgekauft. Am 21. Oktober wurde das neu aufgebaute Gewerkschaftshaus eingeweiht.

Doch dem Ausbau der Reutlinger Straßen war das „Deutsche Haus" im Weg. Die Gewerkschaften zogen in die Krämerstrasse 31 um, und das Haus wurde abgerissen.

Holger Lange[1]

Nach der Zerstörung (siehe Titelseite dieses Buchs) wieder aufgebaut, doch dann abgerissen für die Entwicklung der Innenstadt: Das Reutlinger Gewerkschaftshaus ist Geschichte.

---

1 zitiert nach Reutlinger Nachrichten, 25. März 2008.

Schramberg

Schramberg – rote Hochburg im schwarzen Wald

Durch die Gründung mehrerer Fabriken, insbesondere zur Uhren- und Federnproduktion, wurde Schramberg in der zweiten Hälfte des 19. Jahrhunderts zu einer der bedeutendsten Industriestädte des Königreichs Württemberg mit einer kontinuierlich wachsenden Arbeiterschaft. Der Uhrenfabrik Gebrüder Junghans war zu Beginn des 20. Jahrhunderts die größte Uhrenfabrik der Welt und mit rund 3.000 Beschäftigten nach der Württembergischen Metallwarenfabrik in Geislingen an der Steige das zweitgrößte Unternehmen im Königreich Württemberg.

1888 kam es zur Gründung eines Arbeiterlesevereins, der sich nach dem Ende des „Sozialistengesetzes" 1891 der SPD anschloss. Einige Jahre später wurden 1894 Zahlstellen des Deutschen Metallarbeiter-Verbandes und des Deutschen Holzarbeiter-Verbandes der Freien Gewerkschaften gegründet. 1898 wurde unter dem Titel „Die Lage der Schwarzwälder-Uhrenarbeiter" vom Vorstand des Deutschen Metallarbeiter-Verbandes eine Dokumentation über die Ergebnisse einer Erhebung zu diesem Thema herausgegeben. Im gleichen Jahr wurde auch der Christliche Uhrenindustriearbeiterverband Schwarzwald der Christlichen Gewerkschaften ins Leben gerufen.

Die Mitgliederzahl des Deutschen Metallarbeiter-Verbandes war – wohl aufgrund der starken Arbeitskräftefluktuation – starken Schwankungen unterworfen. Die Mitgliederzahl stieg von 41 im Jahr 1903 auf 266 im Jahr 1906 an, ging dann aber nach dem ersten großen Arbeitskampf in der Uhrenindustrie wieder auf 183 im Jahr 1908 zurück, um dann wieder auf 244 im Jahr 1913 anzusteigen.

Otto Schlachter, der erste hauptamtliche Gewerkschafter in Schramberg – die Nazis sperrten ihn ins Konzentrationslager.

Nach dem Ende des Ersten Weltkriegs erlebte der Deutsche Metallarbeiter-Verband in Schramberg wie andernorts einen stürmischen Mitgliederzuwachs. 1919 hatte die Zahlstelle 2.004 Mitglieder und konnte 1920 mit Otto Schlachter (1880-1950) erstmals einen hauptamtlichen Gewerkschaftssekretär einstellen. Der Mechaniker Otto Schlachter stammte aus Ravensburg, war 1903 in den Deutschen Metallarbeiter-Verband eingetreten und 1904 nach Schramberg gekommen, wo er in der Uhrenfabrik Gebrüder Junghans beschäftigt war.

Das erste Büro wurde in dem 1921 vom Ortsausschuss des Allgemeinen Deutschen Gewerkschaftsbundes (ADGB) gepachteteten Gasthaus zur Nippenburg eingerichtet (Geißhaldenstraße 14). 1922 wurde das Büro in das Wohnhaus von Jonas King (1879-1946) verlegt (Roßwaldstraße 10). Der Automatendreher Jonas King stammte aus dem Nachbarort Lauterbach, war 1897 in die SPD und 1905 in den Deutschen

Schramberg

Das Gasthaus „Zur Nippenburg" wurde zum ersten Gewerkschaftsbüro in Schramberg.

Metallarbeiter-Verband eingetreten. 1911 wurde er in den Bürgerausschuss und 1919 in den Gemeinderat der Stadt Schramberg gewählt und übernahm den Vorsitz der SPD-Fraktion. 1920 wurde er zum Betriebsratsvorsitzenden in der Uhrenfabrik Gebrüder Junghans gewählt, ergriff 1924 die Initiative zur Gründung der im Deutschen Reich einzigartigen „Schramberger Arbeitnehmer-Bauhilfe" und war 1925 maßgeblich an der Gründung des republikanischen Kampfverbandes Reichsbanner Schwarz-Rot-Gold beteiligt.

Ende 1926 wechselte Otto Schlachter als Geschäftsführer zum Bezirksarbeitsamt Schramberg. Sein Nachfolger als Gewerkschaftssekretär wurde Emil Kammerer, der

Jonas King, Gewerkschafter mit unternehmerischem Denken für die Sache der arbeitenden Menschen – auch er wurde ins KZ gezwungen. Links sein Wohnhaus, in dem zeitweise das Schramberger Gewerkschaftsbüro untergebracht war.

Schramberg

aber bereits 1927 nach Schwenningen am Neckar wechselte. Ihm folgte Anfang 1928 der Mechaniker Wilhelm Paulus (1885-?) aus Mannheim.

Am Ende der Weimarer Republik gingen die Mitgliederzahlen des Deutschen Metallarbeiter-Verbandes stark zurück. Der Grund war vor allem die hohe Arbeitslosigkeit, von der die Industriestadt Schramberg sehr stark betroffen war. Von 1929 bis 1932 sank die Mitgliederzahl von 1.002 auf 517. Dagegen nahm von 1931 bis 1932 die Zahl der Fürsorgeunterstützungsempfänger von 12,5 Prozent auf 17,5 Prozent zu.

Vom Gewerkschaftsbund gekauft, war der „Adler" drei Jahre lang das Schramberger „Volkshaus", bis die Nazis die Gewerkschaft zerschlugen.

1930 kaufte der Allgemeine Deutsche Gewerkschaftsbund das Gasthaus zum Adler in Schramberg, in dem ein „Volkshaus" eingerichtet wurde, zu dem unter anderem auch das Büro des Deutschen Metallarbeiter-Verbandes gehörte (An der Steige 1). Nach dem ersten „Tag der nationalen Arbeit" wurde das „Volkshaus" von der Nationalsozialistischen Betriebszellen-Organisation besetzt und im Zuge der „Gleichschaltung" der Gewerkschaften von der Deutschen Arbeitsfront übernommen.

Jonas King und Otto Schlachter wurden verhaftet und in das „Schutzhaftlager" Heuberg bei Stetten am Kalten Markt eingewiesen. Wilhelm Paulus wurde offenbar in der Zeit der Eingliederung des Deutschen Metallarbeiter-Verbandes in die Deutsche Arbeitsfront im Amt belassen. Nach dem Eintrag auf der Karteikarte des Einwohnermeldeamtes Schramberg war er bis zum 1. März 1934 beim Deutschen Metallarbeiter-Verband beziehungsweise der Deutschen Arbeitsfront beschäftigt. Im Unterschied zu seinen Kollegen Jonas King und Otto Schlachter wurde er nach der nationalsozialistischen Machtübernahme nicht in „Schutzhaft" genommen. Anscheinend verhielt er sich kooperationsbereit, möglicherweise als Helfershelfer der „Gleichschaltung" sogar sehr opportunistisch. 1937 verließ er mit seiner Familie Schramberg und zog nach Berlin.

Zur Verwaltung des „Volkshauses" setzte die Nationalsozialistische Betriebszellen-Organisation beziehungsweise die Deutsche Arbeitsfront einen Pfleger ein. Die Bezeichnung „Volkshaus" wurde 1934 gestrichen und durch „Gasthaus zum Adler" ersetzt. 1940 wurde das Gebäude an einen Möbelhändler verkauft. Nach 1945 wurde es nicht zurückerstattet. Die IG Metall-Verwaltungsstelle Schramberg erhielt dagegen ein Gebäude, in dem sich zuvor eine Druckerei und Redaktion der NS-Presse Württemberg befunden hatte (Arthur-Junghans-Straße 3).

Carsten Kohlmann, Stadtarchiv Große Kreisstadt Schramberg

Schwäbisch Hall

Pompös und martialisch: Rituale der NS-Kultur wie der 1. Mai; hier in Schwäbisch Hall

Die „große Zeit" im Kleinen erlebt: Menschen aus Schwäbisch Hall berichten

Rosel Lehnert, *geboren 1899: 1932 bin ich aushilfsweise zur Firma Gross in die Zentrale als Telefonistin. Ich hatte zu dieser Zeit schon sehr darunter zu leiden, daß ich nicht in der NSDAP war und auch nicht bereit war, einzutreten. In der Zentrale habe ich vieles mitbekommen und so manchen Leuten war ich ein Dorn im Auge. Es dauerte auch nicht lange, da hatte man mir einen anderen Arbeitsplatz angewiesen, auf der Bühne wurde mir eine Registratur eingerichtet, dorthin wurde ich verfrachtet; mein jetziger Arbeitsplatz.*

Kurt Schumacher (Reichtagsabgeordneter der SPD) besuchte in dieser Zeit Schwäbisch Hall, wir sind an diesem Tag mit einer roten Fahne durch die Stadt marschiert.

Schwäbisch Hall

Ein Arbeitskollege (Stahlhelm), der mich dabei gesehen hatte, drohte mir an, mich zu erschießen, wenn er mich bei solchen Aktionen noch einmal sehen würde.

Ich war in dieser Zeit Mitglied des Musikvereins „Freiheit"; als 1933 viele Vereine und Organisationen verboten wurden, beschlagnahmte man auch alle unsere Liederbücher. Mein Mann, der Bibliothekar war, wurde verhaftet und nach Heilbronn ins Gefängnis gebracht. Ein SA-Mann hatte ihn beobachtet, wie er mit Musikfreunden angeblich Waffen in unserem Garten vergraben hätte. Alle wurden verhaftet! Aber was sollte ein Musikverein mit Waffen – Solche unglaublichen Vorgänge waren in dieser Zeit tagtäglich zu erleben!

Jeden Morgen auf dem Weg zur Arbeit begegnete mir ein Mann, der mich mit „Heil Hitler" grüßte, worauf ich nur „Guten Morgen" erwiderte. Eines Tages drohte er mir an, dass er mein Verhalten weiterleiten würde, wenn ich nicht mit dem „Hitlergruß" antworten würde. Er stellte mich dann auf einer öffentlichen Veranstaltung der Nazis bloß.

Friedrich Kübler, *geboren 1895: Von 1914 bis 1917 habe ich bei Ganzhorn + Stirn in Steinbach eine Ausbildung als Mechaniker absolviert. Mein Kollege Lutz war zu dieser Zeit Kassiererer beim Metallarbeiter-Verband. Er erzählte mir von der Notwendigkeit, sich zu organisieren und so trat ich in den Metallarbeiter-Verband ein. Nach Beendigung meiner Ausbildung zog ich nach Frankfurt. Dort fand gerade ein Generalstreik der Metallarbeiter statt. Ich habe in der Armaturenfabrik Firnkorn & Sauer (Schalttafeln, zahnärztliche Instrumente) anderthalb Jahre im Akkord gearbeitet.*

Dann kam der Erste Weltkrieg, ich hatte meinen Arbeitsplatz verloren. Wie so viele stand ich da ohne Arbeit. In Offenbach war eine Maschinengewehrfabrik, die noch Leute eingestellt hat. Wie die meisten meldete ich mich als Freiwilliger zum Ersten Weltkrieg. Was ich sehr bald bereute. Ich kam in Gefangenschaft. Nach dieser Zeit kam ich wieder nach Schwäbisch Hall zurück.

Ab 1918 habe ich bei Bader & Hagelloch als Dreher gearbeitet und dort meine Meisterprüfung abgelegt. Zu dieser Zeit haben sich die Meister in einem Werkmeisterverband zusammengeschlossen. Mein Freund Julius Kugler, der Vorstand des Verbandes war, schlug vor, dass wir 1933, als die Nazis die Verbände auflösten, unsere Kasse auf den Kopf zu stellen, damit sie nicht den Nazis in die Hände fällt: So wurde es dann auch gemacht. In Vellberg in einer Wirtschaft aßen wir Rehbraten und tranken so manches Viertele, vom Rest des Geldes kauften wir uns Zigarren.

Der Vorsitzende des Metallarbeiter-Verbandes Friedrich Baumann arbeitete wie ich

Schwäbisch Hall

bei Bader & Hagelloch. Wären zu dieser Zeit mehr Leute im Verband gewesen, hätte man sich gegen die Nazis stellen können. So waren wir machtlos!

Aus der Arbeiterschaft waren nur wenige Leute in der NSDAP. Ich selbst wurde öfters von den Nazis darauf angesprochen, dass ich ein besserer Meister wäre, wenn ich kein Sozialdemokrat oder Gewerkschaftler wäre.

Bei den Haller Naturfreunden war ich von Anfang an dabei. Bei einem Spaziergang 1920 hatten wir den Platz für unser heutiges Lemberghaus entdeckt. Der Kollege Emele war Vorstand der Naturfreunde. Jedes Wochenende fuhren wir mit dem Leiterwagen Brezeln und Getränke ins Lemberghaus um sie dort zu verkaufen. Der Vorstand der Naturfreunde wurde im Lernberghaus verhaftet.

Bei Bader & Hagelloch fanden zu dieser Zeit öfters Warnstreiks statt wegen Lohnforderung. Beschwerte sich ein Arbeiter über betriebliche Mißstände, so wurde er sehr schnell entlassen, da es damals noch keinen Kündigungsschutz wie heute gab.

Wir waren vollständig gelähmt, als die Nazis die Macht übernahmen. Im Innern haben wir gebebt gegen das, was die verlangt haben. Unter uns haben wir über viele Dinge geschimpft, nach außen hin konnte man es nicht wagen.

Am 1. Mai 1933 mussten wir an der Mai-Demonstration teilnehmen. Es war sehr heiß und die Nazis haben Bier und Wasser spendiert. Alle mussten her, Lehrer, Pfarrer, Unternehmer.

In Hessental war ein Gefangenenlager, wo wir manchmal heimlich den Gefangenen Lebensmittel zukommen ließen. Auch bei Bader & Hagelloch gab es Kriegsgefangene – Franzosen – die wir mit Kleidung und Lebensmitteln versorgt haben. [1]

Das offizielle Schwäbisch Hall befolgte die Vorgaben der NSDAP.

---

[1] Die Berichte stammen aus dem Heft „1933 – eine Dokumentation der IG Metall Schwäbisch Hall" von 1983.

Sindelfingen

Der Stern und das Hakenkreuz strahlten sich gegenseitig an

Unterhaltungsveranstaltung für die Beschäftigten, die ganz pauschal „Gefolgschaft" hießen.

Sindelfingen

Betriebsappell

Die Bilder aus dem Daimler-Werk Sindelfingen zeigen beispielhaft, wie eng Betriebsleben und Politik verbunden waren – noch dazu für ein Unternehmen, das viel auf staatliche Aufträge achtete. In der Deutschen Arbeitsfront (DAF) waren Beschäftigte und Unternehmer zwangsweise zusammengefasst und sollten sich als homogene Menge verstehen und verhalten.

Eine wirksame Vertretung der letztlich ganz eigenen Interessen beider Gruppen fehlte. Das Regime gab vor, was benötigt wurde und wie es erreicht wurde. Möglicher Widerstand gegen diese Strukturen stand unter dem Vorzeichen vielfacher und begründeter Angst vor Bespitzelung und Verfolgung. Dennoch waren es vielfach Metaller, die sich für die Weitergabe verbotener Informationen engagierten.

Singen

Große Inszenierung der Machthaber, kleine Formen des Widerstands

Der 1. Mai 1933 sollte in Singen nicht mehr Kampftag der selbständigen Arbeiterbewegung sein. Nachdem er zum Feiertag erhoben worden war, sollte er zum „Tag der nationalen Arbeit" werden. Um den Sieg über die Arbeiterbewegung zum Ausdruck zu bringen, wurde geplant, den Festzug zunächst auf dem Schnaidholz-Sportplatz, den die Sport- und Kulturgemeinschaft weitgehend in Eigenarbeit errichtet hatte, mit einem Festakt zu beenden.

Doch schon bald kamen Bedenken dagegen auf. Zum einen rebellierten die Wirte, Bäcker und Metzger, die sich einen guten Verdienst von dieser großen Feier erhofften, jedoch übersahen, dass die Läden an einem gesetzlichen Feiertag gar nicht geöffnet werden durften. Zum anderen stellten sich aus Sicherheitsgründen Bedenken gegen den geplanten Endpunkt des Festzuges ein. Die Nationalsozialisten fühlten sich noch nicht sicher genug, ihre Inszenierung der Maifeier auf dem Sportplatz der sozialistischen Arbeiterbewegung durchzuführen. Sie befürchteten Gegenaktionen und Angriffe aus den Reihen der Arbeiterbewegung.

Aufgrund dieser Erwägungen verlegte man den Festakt auf den Waldeck-Sportplatz, der zentraler lag und nicht als „Heimat" einer politischen Richtung galt. Die Häuser sollten beflaggt und mit Tannenreisig, das von der Stadtverwaltung zur Verfügung gestellt wurde, geschmückt werden. 1590 Fahnen wehten an diesem Tag in Singen, allein 168 in der Ekkehardstraße.

Zur Feier des Tages wurden einige Straßen umbenannt, um auch hier die Spuren der Arbeiterbewegung zu tilgen. Beispielsweise taufte man die Walter-Rathenau-Straße in Adolf-Hitler-Straße um. Diese Maßnahme geschah allerdings fast unmerklich und wurde nicht propagandistisch ausgeschlachtet, um keine Gegenaktionen zu provozieren.

Das Festprogramm begann am frühen Morgen. Schon um 7 Uhr begann das erste Platzkonzert vor dem Kriegerdenkmal. Auch zu dieser ungewohnt frühen Stunde hatten sich Zuhörer eingefunden. Damit der Bevölkerung die Ereignisse in Berlin nähergebracht werden konnten, hatte man eine Lautsprecheranlage auf dem Platz installiert, und ab 10 Uhr wurden die Reden direkt übertragen. Um 9 Uhr gab es Gottesdienste beider Konfessionen, die sehr gut besucht waren. Die Predigten hatten laut „Oberländer Zeitung" den Sinn und die Bedeutung des „neuen" 1. Mai zum Thema und „vertieften von religiös-kirchlicher Seite die moralischen Grundgedanken der nationalen Maifeier".

Singen

Nach den Böllerschüssen um 14 Uhr setzte sich der Zug, an dem etwa 8.000 Personen teilnahmen, in Richtung Rathaus in Bewegung. „Gegenüber dem Rathaus hatten der Ortsgruppenführer Fuchs und der Organisationsleiter der NSDAP Hummel Aufstellung genommen und ließen den Zug unter Darbietung des Hitler-Grußes an sich vorüberziehen", so berichtete die Zeitung.

Der Spielmannszug der SA und die Stadtmusik führten den Zug an, es folgten die Fahnenabordnungen der Vereine von Singen und der teilnehmenden umliegenden Orte. Hinter den Fahnen gingen Polizei, Gendarmerie, SA und der Lehrsturm der Hitlerjugend. Die weiteren Gruppen gehörten der Abteilung „Arbeiter, Angestellte und Unternehmer der Industrien" an.

Nach zweieinhalb Stunden war man schließlich am Sportplatz des FC 04 angelangt. Auf dem Programm standen nun drei Reden, die durch die Darbietungen der Kapellen und Chöre musikalisch umrahmt wurden. „Aus der Maifeier, die die Klassen trennte", so der Ortsgruppenführer der NSDAP, „ist ein Nationalfeiertag geworden. [...] Die Tage der Internationale sind vorbei, auch in Singen, wo sie einstens drohend ihr Haupt erheben durfte."

Mit dem Horst-Wessel-Lied und dem Deutschlandlied schloss man die Feier auf dem Platz, kurz bevor ein heftiger Regenschauer einsetzte und die Zuschauer vertrieb. Am Abend hatte man die Auswahl zwischen „Volksbelustigung" und einer Theatervorstellung in der Kunsthalle. Die NSDAP-Ortsgruppe Singen hatte die Aufführung der Tragödie „Gyges und sein Ring" in das Programm aufgenommen. In der Scheffelhalle spielte die Stadtmusik zum Tanz auf. Manche Betriebe hatten zu einem gemütlichen Abend mit freier Verpflegung eingeladen.

Mit der Gleichschaltung der Gewerkschaften einen Tag nach dem 1. Mai 1933 war die Zerschlagung der Arbeiterbewegung zunächst formal abgeschlossen. Die Kommunisten konnten sich am schnellsten auf die illegale Arbeit umstellen. So zielte der kommunistische Widerstand in Singen im Wesentlichen auf die Aufklärung der Arbeiter über den Faschismus und die drohende Kriegsgefahr, den Transport antifaschistischer Materialien aus der Schweiz und die Fluchthilfe.

Viele der Aktionen glückten, manche wurden von der Gestapo entdeckt und flogen auf. Immer wieder kam es zu Verhaftungen von Singener Kommunisten, Sozialisten und Christen. Einige von ihnen standen wegen ihrer Widerstandstätigkeit vor Gericht, wurden in Konzentrationslagern der Nationalsozialisten inhaftiert und verloren infolge von Hunger und Gewalt ihr Leben.

Margarete Lorinser[1]

---

[1] *Gekürzte Wiedergabe eines Kapitels aus Gerhard Zang (Hg.), Arbeiterleben in einer Randsituation – die allmähliche Entstehung der Arbeiterbewegung in einer rasch wachsenden Industriestadt Singen a. H. 1895–1933; Konstanz 1987.*

Stuttgart

Der frühe Tod des Friedrich Elsässer

Der Dreher Friedrich Elsässer aus Stuttgart-Möhringen, geboren 1892, wurde nur 56 Jahre alt. Drei Jahre nach dem Ende des Faschismus starb er. Ein fachärztliches Gutachten des Stuttgarter Regierungsmedizinalrats Dr. med. Salzer sollte anhand der Akten klären, *„ob der Tod des E. mit Wahrscheinlichkeit auf die Haftzeit in Deutschland zurückgeführt werden kann"*. Der Arzt listete unter anderem die Haftzeiten des kommunistischen Widerständlers auf: Friedrich Elsässer *„befand sich vom 28. Mai 1934 bis 18. Mai 1937 in der Landesstrafanstalt Rottenburg und kam anschließend bis 20. August 1937 nach Welzheim in Schutzhaft. 1944 bis 1945 befand sich E. als Emigrant in Schweizer Lagern"*. Der Facharzt kam nach eingehender Untersuchung der verschiedenen Erkrankungen des Häftlings zu dem Schluss, es *„wird der Tod des E. als Folge seiner Haft mit Wahrscheinlichkeit angesehen."*[1]

Emma Elsässer berichtete später:

> *„[...] Mein verstorbener Ehemann Friedrich Elsässer und ich gehörten seit 1943 einer illegalen Widerstandsbewegungsgruppe gegen das Naziregime an. Durch einen Gestapo-Agent [...] wurden wir der Polizei gemeldet. Wir wurden durch einen Verbindungsmann gewarnt, vor der bevorstehenden Verhaftung konnten wir nur durch Flucht in die Schweiz entfliehen.*
>
> *Nach sechstägigem Umherirren an der Schweizer Grenze gelang es uns am 2. September 1944, bei Riehen-Basel die Grenzen unter den damaligen, noch schwierigsten Verhältnissen zu überschreiten; aber unser Gedanke war: lieber von den Grenzern erschossen zu werden als von den Gestapo-Schurken umgebracht.*
>
> *Von den Schweizer Zöllnern wurden wir nach langen Verhören der Schweizer Polizei übergeben. Nach genauer Prüfung wurden wir nach einigen Tagen in militärisch verwalteten Internierungslagern untergebracht (Basel, Montreux, Les Avants, Adliswil).*
>
> *In diesen Lagern haben wir gehungert und gefroren, dann hatten wir mitunter nazifreundlich gesinnte Kommandanten, welche uns als Nazigegner furchtbar schikanierten. Gehungert haben wir nur durch die schlimme Korruption der Verwaltung.*
>
> *Am 10. Februar 1945 konnte ich unter polizeilichen Bedingungen als Hausangestellte vom Lager beurlaubt werden. Mein Mann blieb weiterhin im Lager. Am 10. Juli 1945 kehrten wir wieder nach Stuttgart zurück. [...]"*

---

1   Staatsarchiv Ludwigsburg, EL 350 I Bü 572.

Stuttgart

Das Gewerkschaftshaus an der Esslinger Straße war auch ein Postkartenmotiv.

Das Stuttgarter Gewerkschaftshaus ...

... ist nicht immer das selbe Gebäude. Wo heute das Breuniger-Parkhaus steht, war bis 1928 der „Gasthof zum goldenen Bären" – ein großes Büro- und Veranstaltungshaus, in dem viele Gewerkschaften ihren Sitz hatten. Eine Broschüre aus den Jahren nach dem Zweiten Weltkrieg gibt an, daß der „Goldene Bär" und ein Haus an der Holzstraße „nicht mehr den Erfordernissen" entsprachen, „weshalb im Jahre 1929 beschlossen wurde, einen Neubau zu errichten."

Dieser Neubau ist das, was auch 2013 (bei aller Umgestaltung) noch „das Stuttgarter Gewerkschaftshaus" an der Willi-Bleicher-Straße ist. An dieser Straße, der früheren Kanzleistraße, lag zuvor auch das Metallarbeiterheim – unabhängig vom Gewerkschaftshaus hatten die Metaller hier Räume für den eigenen Bedarf geschaffen. Im Adressbuch des Deutschen Metallarbeiter-Verbands (DMV) von 1933 ist die Kanzleistraße 33 als Geschäftsstelle zu finden. Auch wenn ein Foto zeigt, dass hier „Wirtschaft und Säle" zur Verfügung standen, wird als Ort für Treffen und Veranstaltungen das „Gewerkschaftshaus Goldener Bär, Esslinger Straße 17" angegeben. Soweit, so vielfältig – mit dem 2. Mai 1933 änderte sich die Sachlage grundsätzlich.

Die Stuttgarter Ortsverwaltung aus den Jahren der Weimarer Republik – von links nach rechts – auf der Treppe: Karl Schweizer, Leo Roth, Hermann Weller; stehend: Albert Kern, Karl Mössner, Fritz Hüttinger, Reinhold Klipphahn, Otto Weidenbach; sitzend: Fritz Sickert, Simon Kraus, Emil Dangel, Gottlieb Gönnenwein.

Stuttgart

Das Stuttgarter Gewerkschaftshaus – besetzt von den Nazis (oben), erheblich beschädigt und danach wieder für seinen eigentlichen Zweck instand gesetzt (Bild rechts).

Während das neue Gewerkschaftshaus an der Kanzleistraße gerade fertiggestellt und teils bezogen wurde, rissen die Nationalsozialisten sich alle Besitztümer der freien Gewerkschaften unter den Nagel und lösten die Interessenvertretung der Beschäftigten auf. Gewerkschaftsfunktionäre wurden „in gesetzwidriger Weise, unter Androhung von Gewalt", wie die Nachkriegsbroschüre beschreibt, zum Rücktritt gezwungen.

„Nun war das Haus seinem eigentlichen Zweck vollständig entzogen. An Stelle der Freiheit trat der Zwang. Die vom Lohn und Gehalt in den Lohnbüros abgezogenen Beiträge für die Deutsche Arbeitsfront (DAF) wurden für die Rüstungsindustrie und in der Folge für den Krieg verwendet. Die Arbeiterschaft hatte keinerlei Einfluss auf die Verwendung ihrer Beiträge."

Doch damit nicht genug: „Während der letzten Kriegsjahre wurde das Haus durch Bombenschäden schwer in Mitleidenschaft gezogen und nach amtlicher Schätzung bis zu 65 Prozent zerstört. Bei der Besetzung Stuttgarts belegten französische Truppen das Haus." Fast das ganze Mobiliar sowie die technischen Einrichtungen seien entwendet worden. Nach Abzug der Soldaten hätten Flüchtlinge und Verschleppte Unterkunft im Haus gefunden.

„Das Gebäude wurde dann von der Militärregierung beschlagnahmt und einem Treuhänder unterstellt. Ende August 1945 erhielten die Gewerkschaften von der Vermögensverwaltung der beschlagnahmten DAF-Vermögen die Genehmigung zum Bezug der Parterreräume." Nach längeren Verhandlungen hätte man sich auch der Räume im dritten Stockwerk annehmen können. „Die Gewerkschaften besserten die größten Schäden aus. Nachdem immer mehr Räume von den Gewerkschaften benötigt wurden, musste das Haus ausgebaut und nach Überwindung vieler Schwierigkeiten instand gesetzt werden."

BLICK ZURÜCK:
HISTORISCHE
DOKUMENTE

Metall-Gewerkschaft in Stuttgart schon früh auf Wachstumskurs

Offensichtlich für die Grundsteinlegung eines neuen Gewerkschaftsgebäudes wurde der hier abgedruckte Text formuliert. Immerhin ist die erste Seite dieser kleinen Geschichte des Deutschen Metallarbeiter-Verbands (DMV) Stuttgart überliefert ...

Stuttgart

Der Deutsche Metallarbeiter-Verband wurde im Jahre 1891 ins Leben gerufen und zählte nach Verlauf von zehn Jahren erst 100.000 Mitglieder. Im Jahre 1911 konnte die Mitgliederzahl von 500.000 überschritten werden. Die Entwicklung des Gesamtverbands ist mit der der Stuttgarter Verwaltungsstelle zu vergleichen. 1892 zählte Stuttgart 209 Verbandsmitglieder, 1902 waren es 1366, 1912 mit Jahresschluss 16.285, davon 486 weibliche und 505 jugendliche Mitglieder unter 18 Jahren. Die Größe der Mitgliederzahl steigerte die anfallende Arbeit, so dass sich schon im Jahre 1899 die Anstellung eines besoldeten EinKassierers notwendig machte. 1905 wurde der erste Geschäftsführer angestellt und ein Büro in der Brunnenstraße No. 3 parterre bezogen.

Schon im darauf folgenden Jahre reichte das Büro nicht mehr aus und erfolgte der Umzug nach Gymnasiumstraße No. 11. Trotzdem zu den erst gemieteten zwei Räumen noch zwei weitere hinzu gemietet wurden, ward es auch im neuen Heim bald zu eng und musste ein neues Büro in der Sophienstraße 21b, I. Stock im Juni 1910 bezogen werden. Nach ganz kurzer Zeit erwiesen sich auch diese Räume als zu klein, für die Jugendabteilung musste ein besonderes Lokal in der Mozartstraße gemietet werden. Außerdem wurde der Verkehr im Büro immer größer, so dass wiederholt der Gedanke auftauchte, ob es nicht besser sei, ein eigenes Haus zu erwerben, damit nicht fortgesetzt Umzüge erforderlich werden. Lange Zeit sah man sich um nach einem geeigneten Anwesen, nach langer Prüfung fand man, dass die Erwerbung eines fertigen Hauses nicht vorteilhaft ist und ging – – – *[hier bricht der Text ab]*

Bildkarte, offensichtlich aus der Zeit des Ersten Weltkriegs

Tübingen

Arbeiter in Uniform ...

... zumindest mit Uniformmütze und im Anzug wie auf diesem Bild bei einer 1. Mai-Veranstaltung der Nazis auf der Tübinger Neckarbrücke. Beschäftigte (die damals „Gefolgschaftsmitglieder" hießen) der Montanwerke Walter marschieren mit Fahnen der NSDAP und der Deutschen Arbeitsfront (DAF) – das Hakenkreuz spielte in beiden Signets die Hauptrolle; dass die DAF sich mit ihrem zusätzlichen stilisierten Zahnrad sehr stark an das Emblem des DMV anlehnte, wird kaum als Zufall wahrgenommen worden sein, sondern als fieser Fall politischer „Marken-Piraterie".

Tübingen

In der Lehrwerkstatt der Tübinger Elektromotorenfabrik „Himmelwerke" durfte die Hakenkreuz-Fahne an der Wand offensichtlich nicht fehlen (Bild oben). In der Gießerei war politische Dekoration weniger wichtig (zumindest im hier fotografierten Bereich).

Tuttlingen

Gemeinsamkeit in der „Hochburg des Gewerkschaftsgedankens"

Den Titel als besonders gewerkschaftsfreundliche Stadt bekam Tuttlingen von der Gegenseite zugesprochen: Die Lokalzeitung „Gränzbote" machte sich schon bald zum Sprachrohr der örtlichen Nazis und beklagte, dass sich in der Donaustadt „Streiks an Streiks reihten". In der „AG für Feinmechanik" war es der Deutsche Metallarbeiter-Verband, in der Schuhfabrik Rieker der Verband der Lederarbeiter, die den Interessen der Beschäftigten Ausdruck verliehen (wobei die Metaller besser verdienten).

Der Gasthof „Falken" war das Gewerkschaftslokal; gegenüber befand sich das Büro der Metallarbeiter. Der untere Saal des Gewerkschaftshauses war als Gasthaus eingerichtet und, so berichteten in den 1980er-Jahren Zeitzeugen dem Regionalgeschichtlichen Arbeitskreis, „immer voll". Bibliothek und Musikraum im ersten Stock zeugten vom kulturellen Interesse der Arbeiter; hier probte der Arbeitergesangsverein „Freiheit" ebenso wie die Instrumentalgruppe der Gewerkschaftsjugend.[1]

Das frühere Gewerkschaftshaus „Falken" in den 1980er-Jahren

Wie überall war die Arbeiterschaft geteilt in sozialdemokratische und kommunistische Parteigänger. Doch in Tuttlingen gab es bei allen strengen Vorgaben aus Stuttgart oder gar Berlin auch Zusammenarbeit – erst recht angesichts der Bedrohung durch die Nationalsozialisten. „An der Basis gab es keine Hemmungen. Es ist ja traurig, der Hitler war an der Macht und die wollten noch sagen, mit Kommunisten demonstrieren wir nicht!", erzählte Zeitzeuge Willi Rominger später.[2]

Die kommunistische Antifaschistische Aktion und die sozialdemokratische Eiserne Front versprachen im Aufruf zu einer gemeinsamen Demonstration am 9. Februar 1933: „Die [...] Einheitsfront gegen Faschismus und Reaktion in Tuttlingen garantiert eine erfolgversprechende Abwehr und muss der Reaktion und der faschistischen Meute zeigen, dass Tuttlingen immer noch Rot ist und bleiben wird." Gewerkschaften, Parteien Sport- und Kulturvereine waren präsent. „Das war die größte Demonstration, die Tuttlingen je gesehen hat, und es war die Demonstration der Ein-

---

1   Angaben nach Marliese Allgaier-Schutzbach: in „Nationalsozialismus in Tuttlingen", 1985, Seite 83 ff.
2   Interview des Regionalgeschichtlichen Arbeitskreises, zitiert nach Gunda Woll (Hg): Zur Geschichte der Stadt Tuttlingen, 1997, S. 319 ff.

Tuttlingen

heit", erzählte Albert Reuchlen, der damals der kommunistischen Jugend vorstand, später. Er wie auch andere Funktionäre wurden bereits im März zwischenzeitlich verhaftet und im nahe gelegenen Konzentrationslager Heuberg bei Stetten am Kalten Markt inhaftiert.

Der „Gränz-Bote" kritisierte im März 1933 in seiner Berichterstattung die „kritische und abwartende Haltung des Großteils der Bürgerschaft" in Tuttlingen. Die Landgemeinden hätten dagegen zahlreiche „nationale Feiern" abgehalten: „Selbst in den kleinsten Dörfern fand dann noch ein Fackelzug statt. Und wiederum: Nur in Tuttlingen war ein großes Schweigen." Anfang April besuchte ein Redakteur der konservativen Lokalzeitung das Konzentrationslager Heuberg und erklärte der Bevölkerung: „Ein Teil der Gefangenen ist in Schutzhaft, um sich selbst zu schützen, der weitaus größere Teil aber, um die Bevölkerung vor ihnen zu schützen, weil von ihnen angenommen wird, dass sie die nationale Erhebung stören."

Die Gewerkschafter Heinrich Zepf (links) und Wilhelm Eisenlohr: Eingesperrt und gedemütigt im Lager Heuberg

Damals waren schon 1.900 Männer, vorwiegend Sozialdemokraten und Kommunisten, im KZ Heuberg inhaftiert, der „Gränz-Bote" machte darunter „manchen bekannten Landtagsabgeordneten und Stadtrat der Linken" aus. Eine gewissenhafte Aufklärung über die tatsächlichen Verhältnisse im Lager war von der „gleichgeschalteten" Presse nicht zu erwarten: „Wir freuen uns, dass die Häftlinge menschlich behandelt werden und dass man in ihnen nicht Verbrecher, sondern Verführte sieht. Und wir freuen uns auch, dass nicht Strafe, sondern Erziehung und Gesinnungswandlung der Sinn des Konzentrationslagers sein soll. Hier muss eine große Arbeit getan werden."[3]

Am 2. Mai besetzten SA-Männer das Gewerkschaftshaus „Falken" unter dem Vorwand, man habe in den Kassen finanzielle „Unregelmäßigkeiten" entdeckt. Näheres über die angebliche Veruntreuung von Gewerkschaftsgeldern wurde allerdings nie mitgeteilt. Die drei Gewerkschaftler Friedrich Koßmann, Wilhelm Eisenlohr und Heinrich Zepf wurden nun ebenfalls in „Schutzhaft" genommen und im KZ Heuberg interniert. Der Auflösung der Gewerkschaften folgte die Zerstörung der Arbeiterkulturvereine; ihr Vermögen wurde beschlagnahmt und weiterverteilt; Musikinstrumente des Turnvereins Jahn eignete sich zum Beispiel die SA-Kapelle an, das Naturfreundehaus im Donautal wurde enteignet und zu einem Schulungsheim der Hitlerjugend umfunktioniert, das Waldheim des TV Jahn verkaufte die Landesregierung später an den Ortsgruppenleiter der NSDAP – womöglich eine Revanche für die Turner, die kurz vor der Beschlagnahme das gesamte Barvermögen ihres Vereins in einer kurzfristig anberaumten Sitzung in einem Brauereilokal in Bier umgesetzt hatten.[4]

---

3 Gunda Woll, (Hg), Zur Geschichte der Stadt Tuttlingen, 1997, S. 319 ff.
4 Marliese Allgaier-Schutzbach, in „Nationalsozialismus in Tuttlingen", 1985, Seite 83 ff.

Ulm

Das Zuhause der Gewerkschafter im Herzen von Ulm

Ab 1920 fanden die freien Ulmer Gewerkschaften eine neue Heimat im Gasthaus zum Mohren am Weinhof 23: Unter der offiziellen Bezeichnung „Metall-Arbeiterheim" geführt, blieb die Wirtschaft erhalten und bot daneben Raum für Versammlungen, Übernachtungsgelegenheiten, aber auch Büroräume für die freien Gewerkschaften. Auch eine Wärmestube für Bedürftige war vorhanden. Bis 1933 waren die jeweiligen Geschäftsführer des Deutschen Metallarbeiterverbands (zuerst Max Denker, dann Ernst Eisele) Inhaber des Gastwirtschaftsrechts.

Durch einen Vergleich wurde das Grundstück 1951 an die IG Metall zurückgegeben und mit dem Wiederaufbau begonnen. 1954 konnte das Gewerkschaftshaus wieder seiner Bestimmung als Treffpunkt der Ulmer Gewerkschaften übergeben werden.[1]

---

1 Aus dem Ausstellungstext von Antje Trosien, DGB Südwürttemberg, 2013.

Ulm

Durch seine Nachbarschaft zum historischen Weinhof ist das Gewerkschaftshaus ein beliebtes Bildmotiv auf Postkarten.

In Ulm besetzten SA-Abteilungen das Gewerkschaftshaus am Weinhof und hissten, zum Hohn aller organisierten Arbeiter Ulms, die Hakenkreuzfahne auf dem Dach. Die Gewerkschaftssekretäre wurden nach der Überprüfung der Kassenbestände bis zum 5. Mai beurlaubt und nahmen am folgenden Tag unter der Aufsicht des neu ernannten Kommissars zur Überwachung der Gewerkschaften ihre Tätigkeit wieder auf, damit Gewerkschaftsmitglieder weiterhin ihre Unterstützungen erhalten konnten.

Nach ihrer Gründung am 10. Mai erhielt die Deutsche Arbeitsfront (DAF) das Vermögen der Gewerkschaften und zog in das vormalige Gewerkschaftshaus ein. Bis zum 17. Dezember 1944, als der Bombenhagel die Innenstadt in Schutt und Asche legte, prangte auf der Außenwand des Gebäudes der Schriftzug der DAF.[2]

---

2   Aus Uwe Schmidt, *Ein redlicher Bürger redet die Wahrheit frei und fürchtet sich vor niemand*, Ulm, 2007.

Ulm

Leonhard Gerlinger, Gewerkschafter: Erster Bevollmächtigter des Deutschen Metallarbeiter-Verbands in Ulm von 1923 bis 1933 und der Industriegewerkschaft Metall von 1945 bis 1953. Gerlinger wurde 1888 als Bauernsohn nahe Schwäbisch Hall geboren. Er machte eine Lehre zum Hufschmied und schloss 1906 mit der Gesellenprüfung ab. Nach seiner Heirat mit Sofie Junginger wurde 1912 Tochter Emma geboren. Gerlinger war Soldat im Ersten Weltkrieg. In Ulm arbeitete er zunächst als Schmied bei der Firma Pflug-Eberhardt.

Als Gewerkschafter war er sehr aktiv und wurde 1920 Zweiter Bevollmächtigter, dann 1923 Erster Bevollmächtigter des Deutschen Metallarbeiter-Verbands in Ulm. Bis zur Machtübernahme der Nazis war er auch Vorsitzender des ADGB und leitete das Gewerkschaftshaus am Weinhof. Er war Mitglied in der SPD und in der Eisernen Front und bezog klar Position gegen die aufkommende nationalsozialistische Gefahr. Dabei ging's auch zur Sache: Mehrere Male war er in Schlägereien mit ortsbekannten Nazis verwickelt.

Nach der Machtübernahme der Nazis wurde er bereits im April 1933 verhaftet und in das KZ Heuberg verbracht. Dort blieb er bis zum 5. August 1933. Nach der Besetzung des Ulmer Gewerkschaftshauses am 2. Mai 1933 war Gerlinger bis 1936 arbeitslos. Dann wurde er als Hufschmied dienstverpflichtet und arbeitete bei verschiedenen Ulmer Firmen als Hilfsarbeiter. Nach dem Stauffenberg-Attentat wurden im August 1944 reichsweit missliebige Personen verhaftet, auch Gerlinger. Bei einem der letzten Luftangriffe auf die schon stark beschädigte Stadt Ulm am 19. April 1945 verlor er seine gesamte Familie.

Trotz all der Verfolgung und des schweren Schicksalsschlags: Als die Ulmer Gewerkschaften wieder aufgebaut wurden, war Leonhard Gerlinger einer der Männer der ersten Stunde. Nicht nur als Bevollmächtigter der IG Metall, sondern auch im Ulmer Gemeinderat, wo er sich um die Versorgung der hungernden Ulmer Bevölkerung kümmerte. 1947 heiratete Gerlinger die Ulmerin Julie Gansloser. 1951 schied er aus dem Gemeinderat aus und ging 1953 in Pension. Die Eröffnung des wiederaufgebauten Ulmer Gewerkschaftshauses hat er noch erlebt. Er starb am 8. September 1959 einundsiebzigjährig in Ulm.

Als Mensch war Leonhard Gerlinger vermutlich nicht ganz einfach. „Von Leonhard Gerlinger gilt nach den Angaben seiner zahlreichen Freunde in besonderem Maße das Wort vom guten Kern in der rauhen Schale", hieß es in der Schwäbischen Donauzeitung am 19. Januar 1953 in einem Artikel über seinen 65. Geburtstag.

Antje Trosien

> **Waiblingen.**
> Sonntag, den 10. März nachm. 4 Uhr bei Herrn Reinhardt
> **Oeffentliche Metallarbeiter-Versammlung.**
> Hiezu sind alle in der Metallindustrie beschäftigten Arbeiter von Waiblingen und Umgebung freundlich eingeladen.
> **Tagesordnung:**
> 1) **Vortrag** über Zweck und Nutzen der Organisation.
>   Referent Herr J. **Bölz,** Cannstatt.
> 2) **Gründung einer Zahlstelle des deutschen Metallarbeiter Verbands.**
>
> Zahlreiches Erscheinen erwartet
> der **Einberufer.**

Ganz vom Anfang an – Beispiel Waiblingen

„Die gesellschaftlich verpönte Fabrikarbeit mit ihrem sozialen Abstieg in den Vierten Stand fand anfangs nur wenige vom Hunger geplagte Menschen, welche bereit waren, als Fabrikarbeiter zu arbeiten", so schreibt Günther Sauter in dem von der IG Metall Waiblingen 2001 herausgegebenen Buch *Ein jeder muss sich aufraffen – Die Arbeiterbewegung in Waiblingen bis 1933*. „In der Erwartung der Linderung ihres materiellen Elends waren sie letztlich bereit, sich den Disziplinierungsmaßnahmen in den Fabriken zu unterwefen."

Er beschreibt auch die Gründung der Interessensvertretung dieser Menschen, des Deutschen Metallarbeiterverbands, in der schwäbischen Provinz. Im späten Winter des Jahres 1901 lud ein anonymer „Einberufer" mit einer Zeitungsanzeige zur „Gründung einer Zahlstelle des deutschen Metallarbeiter Verbands" ein. Am Sonntagnachmittag um 16 Uhr sollte man sich „bei Herrn Reinhardt" treffen – in der Gaststätte des Bäckers Gottlob Reinhardt, der späteren „Eintracht" in der Zwerchgasse 7.

Sauter schreibt: „Obwohl keine gesicherten Daten vorliegen, muss davon ausgegangen werden, dass die Verwaltungsstelle Cannstatt des Deutschen Metallarbeiterverbandes mit ihren rund 600 Mitgliedern diese Gründung in die Wege leitete. Dafür spricht, dass fast zeitgleich eine Zahlstelle der Holz- und Fabrikarbeitergewerkschaft gegründet wurde. Die relativ spät einsetzende Industrialisierung in Waiblingen beeinflusste auch die Organisierung der Arbeiter in Gewerkschaften."

Die Veranstaltung wurde den Unterlagen zufolge von 26 Gründungsmitgliedern besucht. Diese kamen nicht nur aus den Waiblinger Metallbetrieben, so Sauter. „Die Firma Roller war der einzige größere Metallbetrieb mit 40 Beschäftigten. Die anderen Betriebe waren dem Metallhandwerk zuzuordnen. Ein beachtlicher Teil der Mitglieder waren Pendler und arbeiteten in Cannstatter und Stuttgarter Metallbetrieben."

Waiblingen

Betriebsräte einrichten, bessere Löhne aushandeln, aber auch für die Familien sorgen, Notfälle mildern, Angebote für die Jugend zu gestalten gehörten zu den selbst gesetzten Aufgaben.

Die Zahl der Mitglieder des DMV in Waiblingen überschritt 1909 erstmals die Hunderter-Grenze. 1913 waren es bereits 258 Metallgewerkschafter und nach dramatischen Einbrüchen in den Jahren des Ersten Weltkriegs schon 1918 stattliche 358 DMVler in der Stadt an der Rems. Zehn Jahre später verzeichneten die Waiblinger Metaller dann bereits 621 Mitglieder. Von da an ging's bergab: In den Jahren 1932 und 1933 gibt die Waiblinger DMV-Statistik nur noch 316 Mitglieder an.

„Dem Verbot der Arbeiterorganisationen gingen zahlreiche Verhaftungen von Arbeiterfunktionären, Sozialdemokraten und Kommunisten voraus", schreibt Günther Sauter. „Bereits am 11. und 12. März 1933 sind 22 Kommunisten verhaftet und in Schutzhaft genommen worden. Im gleichen Zeitraum kam es zu weiteren Verhaftungen von Sozialdemokraten und Gewerkschaftern. Nach Angaben der städtischen Polizei hieß es im Verwaltungsbericht der Stadt Waiblingen, dass 41 Personen in Schutzhaft genommen wurden, zehn weitere Inhaftierte sind wegen Hochverrats angeklagt und fünf Personen wegen Beleidigung der NSDAP verhaftet worden."

Über die nächste Runde von Verhaftungen schrieb der „Remstalbote" am 13. April 1933: *„Polizeiliche Razzia in Waiblingen. Von hiesigen Polizeibeamten wurden verflossene Nacht rund 40 Angehörige der KPD und SPD in Schutzhaft genommen.*

Zwerchgasse 7: Hier fand die erste öffentliche Metallarbeiter-Versammlung im Jahr 1901 statt, als die Gastronomie des Bäckers Reinhardt noch nicht „Gasthaus zur Eintracht" hieß.

Sie wurden heute früh dem Landeskriminalpolizeiamt in Stuttgart zugeführt, wo die Voruntersuchung stattfindet und über das weitere Schicksal der Häftlinge entschieden wird."

Am 2. Mai wurde dann das Gewerkschaftshaus in der Frohnackerstraße 20 besetzt. Das Vermögen der Ortsverwaltung betrug Sauters Bericht zufolge vor der Beschlagnahmung durch die Nazis 10.000 Reichsmark.

Waiblingen

Der Metall-Gewerkschafter, der den Nazis zu intelligent war

Der Schlosser Anton Schmidt war von 1920 bis zur Zerschlagung der Gewerkschaften Geschäftsführer des Deutschen Metallarbeiter-Verbands in Waiblingen. Bereits 1903 war er als junger Handwerker dem Verein beigetreten. Stets wurde ihm völlig korrektes Wirtschaften im DMV bescheinigt, und er bekam auch das Sekretariat des Ortskartells der Gewerkschaften und des ADGB übertragen.

Auch in der SPD engagierte er sich und erzielte bei Gemeinderatswahlen hervorragende Ergebnisse.[1] Er gehörte zu den Mitbegründern der Anti-Nazi-Verbände Reichsbanner und Eiserne Front und argumentierte bei jeder Gelegenheit überzeugend gegen die Ziele und Aktionen der Faschisten. Welchen Erfolg er bei den Nazis damit hatte, lässt sich am Schreiben des Waiblinger NSDAP-Kreisleiters ablesen, das viel über Anton Schmidt aussagt und viel über den geistigen Horizont und die Rechtsauffassung des NS-Funktionärs:

„Durch den Sonderkommissar wurde der sozialdemokratische Gewerkschaftssekretär Anton Schmidt in Schutzhaft genommen. Nach dem Vollzug der Maßnahme gebärdete sich Mäulen [Anmerkung: der damalige Landrat von Waiblingen] wie toll und forderte von dem Polizeikommissar Beurer objektive Gründe für die Verhaftung. Schmidt sei ein Ehrenmann und er sei nur deshalb gefürchtet, weil er intelligenter sei als die anderen. Es sei ganz unerhört, einen solchen vom politischen Standpunkt aus durchaus vornehmen Mann in Schutzhaft zu nehmen.

Dagegen ist zu sagen: Schmidt ist tatsächlich sehr intelligent. Er benützte aber seine Gabe zu einer geradezu raffinierten Hetze gegen Hitler und die Bewegung. Er war der intellektuelle Urheber aller Terrorakte der SPD gegen die NSDAP innerhalb der letzten Jahre. Er ist der geistige Mittelpunkt sozialdemokratischer Zerstörungsarbeit und der Drahtzieher für alle hinterlistigen Gemeinheiten. Es lag auf der Hand, dass er aus staatspolitischen Gründen verschwinden musste.

Mäulen versuchte längere Zeit, ihm den Rücken zu steifen, sodass entgegen seinem Willen Schmidt auf den Heuberg verbracht werden musste."[2]

Auszug aus dem Bericht des Waiblinger Kreisleiters der NSDAP, Fiechtner, vom 15. Juli 1933 an das Innenministerium

---

1 IG Metall Verwaltungsstelle Waiblingen; 1901–1976, 75 Jahre Arbeiterbewegung, Waiblingen 1976.
2 Staatsarchiv Ludwigsburg, EL 350 I Bü 38831.

Waiblingen

Im Juli 1958 berichtete der Waiblinger Landrat Werner Bertheau über Anton Schmidt: *„Durch Befragen städtischer Beamter habe ich nur feststellen können, dass Herr Anton Schmidt in der Zeit vom Frühjahr 1933 bis in den Sommer hinein auf den Heuberg verbracht wurde, von wo er ‚schneeweiß' zurückkam. Er hat sich sodann seinem Geschäft gewidmet, das auch heute noch von seiner Frau und seinem Sohn weitergeführt wird."*[3]

Adressbuch des DMV von 1933

Mit dem „Geschäft", das Werner Bertheau erwähnte, hielten der arbeitslose Gewerkschaftssekretär und seine Familie sich über Wasser: Es war war ein „ambulanter Wäschehandel", ab 1935 dann ein Textilwarengeschäft mit festem Laden. Die Bedingungen waren erschwert. Sein Sohn erinnerte sich: *„Er war als Gegner der Nationalsozialisten bekannt und wurde dementsprechend behandelt. So erließ man gleich zu Anfang das Verbot der Annahme von Gutscheinen aus den Ehestandsdarlehen. [...] Unter der ständigen Drohung, ihn wieder in ein Konzentrationslager zu verbringen, konnte kein Stück Ware verlagert werden. Das letzte Stück musste gemeldet sein. Auf Grund dieser Meldungen der vorhandenen Waren wurden ja die Bezugsrechte ausgeteilt und es führte notgedrungen dazu, dass bei Kriegsende kein Stück Ware verlagert war und die Regale und Schubfächer leer waren, während praktisch die gesamte Konkurrenz ihre verlagerten Waren in der guten DM-Zeit aus den Verstecken holte."*[4]

Bertheaus Bericht ging weiter: *„Im Zusammenhang mit den Ereignissen des 20. Juli 1944 bestand die Gefahr einer erneuten Verhaftung für Herrn Anton Schmidt. Sie wurde abgewehrt durch eine Intervention Waiblinger Bürger. Herr Anton Schmidt war stets dafür bekannt, dass er seine Ansichten aufrecht und rückhaltlos vertrat. Die Zeit seines Wirkens im Gemeinderat der Stadt Waiblingen ist dort noch in guter Erinnerung. Sie endete, ebenso wie seine Tätigkeit im Bezirksrat, bald nach der Machtübernahme im Januar 1933. [...]"*

Das hohe Ansehen, das der Gewerkschafter genoss, brachte ihn gleich nach dem Ende des Faschismus in ein verantwortungsvolles Amt: Die amerikanische Besatzungsverwaltung machte ihn zum Waiblinger Landrat; 1946 bestätigte ihn der Kreisrat in freier Wahl in dieser Funktion. Doch bereits wenige Monate später starb Anton Schmidt mit 64 Jahren an Herzversagen.

---

3 Ebenda.
4 Ebenda.

Worms

Dramatische Ereignisse im Volkshaus

In der Petersstraße 15 in Worms, das damals zum Bezirk Stuttgart des Deutschen Metallarbeiter-Verbands (DMV) gehörte, befand sich seit Mitte der 1920er-Jahre das „Volkshaus". In diesem Gebäude waren die Büros vieler gewerkschaftlicher und sozialdemokratischer Organisationen.

Am 2. Mai 1933 wurde das Volkshaus von der SA besetzt. Viele Funktionäre wurden ins Konzentrationslager Osthafen gebracht. Einige konnten emigrieren, andere blieben und versuchten, im Untergrund weiterzuarbeiten – nicht immer erfolgreich und unentdeckt, wie die Akten im sogenannten Hochverratsprozess gegen Willi Rösler, SPD-Parteisekretär zwischen März und Juli 1933 und danach Parteivorsitzender, und andere belegen. Die verhängten Strafen lagen zwischen drei Jahren und sechs Monaten (gegen Jakob Seibel) und einem Jahr und drei Monaten (Ludwig Bardorf).

Das Volkshaus hatte noch am 28. Februar für Schlagzeilen gesorgt. Es war Fastnachtsdienstag und man vergnügte sich dort bei einem Lumpenball. „*Mitten in das heitere Treiben*", schreibt Fritz Reuter in „Worms 1933", „*schossen Nationalsozialisten und trafen den Wirt Philipp Weiß tödlich.*" Die Wormser Tageszeitung hatte einen anderen Blickwinkel: „*Marxistische Bestien schießen aus dem ‚Volkshaus' in Worms auf Nationalsozialisten.*" An der Beerdigung am 5. März nahmen so viele Menschen teil, dass eine Hundertschaft Polizei aus Darmstadt für Sicherheit und einen ruhigen Verlauf sorgen musste.[1]

Ehe die Nazis kamen, war das „Volkshaus" ein vielfältiger Platz. Neben den Gewerkschaften und der SPD waren da die Zeitung „Volkswacht", das Arbeitersekretariat, der Konsumverein, die Volksfürsorge, die Arbeiterwohlfahrt, der Arbeiterbildungsausschuss, das Arbeiterkulturkartell, der Arbeitersportverein und das Arbeitersportkartell.

---

1 Nach Sebastian Bonk, Auf den Spuren des Nationalsozialismus in Worms, Worms, Mai 2005, S. 212-23.

Worms

August Gimbel, der 1933 gleichzeitig Bevollmächtigter, Kassierer und Zuständiger für Unterstützungsleistungen beim Deutschen Metallarbeiter-Verband in Worms war, kann man getrost als Urgestein seiner Stadt bezeichnen – am 27. September 1892 wurde er in Worms geboren und starb dort am 8. März 1977.

Um Verfolgungen durch die Nationalsozialisten zu entgehen, emigrierte er in der Zeit des NS-Regimes – laut Eintragung in der städtischen Meldekartei meldete sich August Gimbel am 15. Juli 1933 nach Straßburg ab und meldete sich am 5. Juni 1945 wieder in Worms an. Er stellte sich sofort der demokratischen Entwicklung in seiner Heimatstadt zur Verfügung; nicht zuletzt betreute er den Aufbau der IG Metall in Worms und war ihr Erster Bevollmächtigter. Bis 1960 leitete er in schwieriger Auf- und Ausbauphase auch den DGB-Bezirk Worms-Alzey.

Von 1952 bis 1969 gehörte der Sozialdemokrat dem Wormser Stadtrat und mehreren seiner Ausschüsse an. Von 1957 bis 1969 war er Sprecher der SPD-Stadtratsfraktion. Unermüdlich, so wurde er gewürdigt, habe er sich für die Menschen in seiner Stadt engagiert – qualifizierter Ersatz für Notunterkünfte, städtische Ferienspiele und Altentagesstätten seien nur einige Beispiele für seine Initiativen. In Anerkennung der um die Stadt Worms und ihre Mitbürger erworbenen besonderen Verdienste wurde ihm 1970 der Ehrenring der Stadt Worms verliehen.

Magdalena Kiefel, Stadtverwaltung Worms / jof

Abkürzungen

ADGB	Allgemeiner Deutscher Gewerkschaftsbund
AfA-Bund	Allgemeiner freier Angestelltenbund
AVAVG	Gesetz über Arbeitsvermittlung und Arbeitslosenversicherung
ATSB	Arbeiter-Turn- und Sportbund
CMV	Christlicher Metallarbeiter-Verband
DAF	Deutsche Arbeitsfront
DDP	Deutsche Demokratische Partei
DMV	Deutscher Metallarbeiter-Verband
DNVP	Deutschnationale Volkspartei
DVP	Deutsche Volkspartei
Gestapo	Geheime Staatspolizei
KPD	Kommunistische Partei Deutschlands
KPO	Kommunistische Partei Deutschlands (Opposition)
NSDAP	Nationalsozialistische Deutsche Arbeiterpartei
NSBO	Nationalsozialistische Betriebszellenorganisation
SA	Sturmabteilung
SS	Schutzstaffel
SPD	Sozialdemokratische Partei Deutschlands
USPD	Unabhängige Sozialdemokratische Partei Deutschlands
VSt	Verwaltungsstelle

Quellen und Auswahlliteratur

Abmayr, Hermann G., Wir brauchen kein Denkmal. Willi Bleicher: Der Arbeiterführer und seine Erben, Tübingen/Stuttgart 1992.

Bauer, Karlheinz, Vorwärts ist die große Losung. Die Arbeiterbewegung im Raum Aalen von den Anfängen bis 1933, Heilbronn 1992.

Bellon, Bernard P., Mercedes in peace and war: German automobile workers, 1903-1945, New York 1990.

Bergmann, Theodor, Klassenkampf und Solidarität. Geschichte der Stuttgarter Metaller und Metallerinnen, Hamburg 2007.

Beriebsrat Bosch/Jochen Faber, ... auch beim Bosch gibt's nichts umsonst. 100 Jahre Arbeit und Leben in Feuerbach aus Sicht der Beschäftigten, Ludwigsburg 2009.

Boelcke, Willi A., Sozialgeschichte Baden-Württembergs 1800-1989, Stuttgart 1989.

Borgstedt, Angela, Das nordbadische Kislau: Konzentrationslager, Arbeitshaus und Durchgangslager für Fremdenlegionäre, in: Wolfgang Benz/Barbara Distel (Hg.), Herrschaft und Gewalt. Frühe Konzentrationslager 1933-1939, S. 217–229, Berlin 2002.

Buschak, Willy, „Arbeit im kleinsten Zirkel". Gewerkschaften im Widerstand gegen den Nationalsozialismus. Hamburg 1993.

DMV (Hg.), Geschäftsberichte der Bezirke Bielefeld, Brandenburg, Breslau, Dresden, Erfurt, Essen, Frankfurt a.M., Hagen, Halle, Hamburg, Hannover, Köln, Königsberg, Nürnberg, Stettin, Stuttgart 1931, Berlin 1932.

Bosch, Michael/Wolfgang Niess (Hg.), Der Widerstand im deutschen Südwesten 1933-1945, Stuttgart 1984.

Dowe, Christopher, Matthias Erzberger. Ein Leben für die Demokratie, Stuttgart 2011.

Erb, Dirk, Der Nazi-Terror gegen Gewerkschaften und Berufsverbände 1930 bis 1933. Eine Dokumentation, Göttingen 2002.

Esters,Helmut/Pelger, Hans, Gewerkschafter im Widerstand, Bonn 1983.

Fattmann, Rainer, 125 Jahre Arbeit und Leben in den Werken von Daimler und Benz. Die Geschichte der Beschäftigten und ihrer Interessenvertretung, Ludwigsburg 2011.

Ders. „Und wenn die Welt voll Teufel wär ...". Willi Bleicher, 27. Oktober 1907 - 23. Juni 1981; ein konsequentes Leben für Menschenwürde und Gerechtigkeit, Ludwigsburg 2011.

Fenske, Hans, Der liberale Südwesten. Freiheitliche und demokratische Traditionen in Baden und Württemberg 1790-1933, Stuttgart 1981.

Funke, Manfred, Gewerkschaften und Widerstand. Zwischen Ausharren und Orientierung auf die Zukunft, in: Richard Albrecht u.a. (Hg.), Widerstand und Exil 1933 – 1985, Frankfurt am Main 1986, S. 60 – 75.

Glaeser, Wolfgang, Metaller am See. Zur Geschichte der Gewerkschaften in Oberschwaben bis 1933 (herausgegeben von der IG Metall, VSt. Friedrichshafen, Freiburg 1993).

IG Metall, Vorstand (Hg.), 100 Jahre Industriegewerkschaft 1891 bis 1991, Frankfurt am Main 1991.

IG Metall, VSt. Gaggenau (Hg.), Vorwärts und nicht vergessen. Dokumente zur Geschichte der Arbeiterbewegung in Gaggenau, Rastatt, Baden-Baden 1832 – 1984, bearb. von Jürgen Groß, Gaggenau 1988.

IG Metall, VSt. Heidelberg (Hg.), Damit nichts bleibt wie es ist. Dokumente zur Geschichte der Arbeiterbewegung in Heidelberg 1845-1949, bearbeitet von Peter Merz, Heidelberg 1986.

IG Metall VSt. Heilbronn/Neckarsulm, Dokumente zur Geschichte der Arbeiterbewegung im Raum Heilbronn/Neckarsulm, bearbeitet von Susanne Stickel-Pieper, Heilbronn 1994.

IG Metall, VSt. Karlsruhe. Unser die Zukunft, Dokumente zur Geschichte der Arbeiterbewegung in Karlsruhe 1845-1952, bearbeitet und eingeleitet von Wolfgang Glaeser, Heilbronn 1991.

IG Metall, VSt. Mannheim (Hg.), „Säumt keine Minute". Dokumente zur Geschichte der Arbeiterbewegung in Mannheim 1848 – 1949, bearb. von Wolfgang Brach und Fritjof Kleff, Mannheim 1986.

IG Metall, VSt. Offenburg (Hg.), Brot ist Freiheit, Freiheit Brot. Dokumente zur Geschichte der Arbeiterbewegung in Südbaden 1832-1952, 2 Bde., bearbeitet von Anna Merklin, Heilbronn 1991.

IG Metall, VSt. Pforzheim (Hg.), Für Freiheit und Menschenwürde. Die Geschichte der Pforzheimer Gewerkschaftsbewegung. Text und Bearbeitung: Stefan Peter Endlich, Kösching 1991.

IG Metall, VSt. Reutlingen (Hg.), Wir lernen im Vorwärtsgehen! Dokumente zur Geschichte der Arbeiterbewegung in Reutlingen 1844 – 1949, bearb. von Paul Landmesser und Peter Päßler, Heilbronn 1990.

Hoffend, Andrea, Anpassung oder Widerstand? Die Karlsruher Gewerkschaften und die NS-Diktatur. Zum 80. Jahrestag der Zerschlagung der Gewerkschaften durch die Nazis am 2. Mai 1933. Hg. von der DGB-Region Nordbaden, Büro Karlsruhe. Karlsruhe 2013

Kienle, Markus, Das Konzentrationslager Heuberg bei Stetten am kalten Markt, Ulm 1998.

LITERATUR

Koch, Manfred, „Meine Freiheit können sie mir nehmen, aber nicht meine Würde und meinen Stolz." Ludwig Marum - in Schutzhaft ermordet, in: Haus der Geschichte Baden-Württemberg (Hg.), Politische Gefangene in Südwestdeutschland, Tübingen 2001, S. 195-211.

Mielke, Siegfried/Stefan Heinz (Hg.) Funktionäre des Deutschen Metallarbeiterverbandes im NS-Staat. Widerstand und Verfolgung [= Gewerkschafter im Nationalsozialismus. Verfolgung – Widerstand – Emigration, Bd. 1], Berlin 2012 (unter Mitarbeit von Marion Goers).

Dies., Johann (Hans) Brümmer, in: Dies, Funktionäre des Deutschen Metallarbeiterverbandes im NS-Staat, S. 182-187

Arne Pannen, Alwin Brandes, in: Mielke/Heinz (Hg.), Funktionäre des Deutschen Metallarbeiterverbandes im NS-Staat, S. 53-74.

Quellen zur Geschichte der deutschen Gewerkschaftsbewegung im 20. Jahrhundert: Bd. 4, Die Gewerkschaften in der Endphase der Republik 1930-1933, bearbeitet von Peter Jahn unter Mitarbeit von Detlev Brunner, Köln 1988.

Sauer, Paul, Württemberg in der Zeit des Nationalsozialismus, Ulm 1975.

Sauter, Günther, Ein jeder muss sich aufraffen, Die Arbeiterbewegung in Waiblingen bis 1933, Waiblingen 2001

Scharrer, Manfred, Anpassung bis zum bitteren Ende, in: ders. (Hg.), Kampflose Kapitulation, Reinbek bei Hamburg 1984.

Schätzle, Julius, Stationen zur Hölle. Konzentrationslager in Baden und Württemberg 1933-1945, Frankfurt am Main 1980.

Scherer, Peter/Peter Schaaf (Hg.), Dokumente zur Geschichte der Arbeiterbewegung in Württemberg und Baden 1848 – 1949, Stuttgart 1984.

Schmidt, Uwe, „Ein redlicher Bürger redet die Wahrheit frei und fürchtet sich vor niemand." Eine Geschichte der Demokratie in Ulm", Aschaffenburg 2009.

Schnabel, Die Machtergreifung in Südwestdeutschland. Das Ende der Weimarer Republik in Baden und Württemberg 1928-1933, Stuttgart 1982.

Ders., Geschichte von Baden und Württemberg 1900-1952, Stuttgart 2000.

Schneider, Michael, Die christlichen Gewerkschaften 1894-1933, Bonn 1982.

Ders., Kleine Geschichte der Gewerkschaften. Ihre Entwicklung in Deutschland von den Anfängen bis heute, 2. überarb. u. aktualisierte Auflage, Bonn 2000.

Ders., Unterm Hakenkreuz. Arbeiter und Arbeiterbewegung 1933 bis 1939, Bonn 1999.

Schönhoven, Klaus, Die deutschen Gewerkschaften, Frankfurt am Main 1987.

SPD-Landesverband Baden- Württemberg (Hg.), Avantgarde und Volkspartei: Die Sozialdemokratie im deutschen Südwesten von ihren Anfängen bis heute (mit Textbeiträgen von Hans- Otto Binder, Gernot Erler, Peter Fäßler, Andrea Hoffend, Suse Hogenkamp), Stuttgart 2013.

Wimmer, Günter, Adam Remmele. Ein Leben für die soziale Demokratie, Ubstadt-Weiher 2009.

Winkler, Heinrich August, Von der Revolution zur Stabilisierung. Arbeiter und Arbeiterbewegung in der Weimarer Republik 1918 bis 1924, Berlin/Bonn 1984.

Ders., Der Schein der Normalität. Arbeiter und Arbeiterbewegung in der Weimarer Republik 1924 bis 1930, 2. Aufl., Berlin/Bonn 1988.

Ders., Der Weg in die Katastrophe. Arbeiter und Arbeiterbewegung in der Weimarer Republik 1930 bis 1933, Bonn 1990.

Zang, Gert (Hg.), Arbeiterleben in einer Randregion. Die allmähliche Entwicklung der Arbeiterbewegung in einer rasch wachsenden Industriestadt. Singen a.H. 1895-1933, Konstanz 1987.

BILDNACHWEISWE

S. 1	Archiv DGB Reutlingen	S. 34	INFO & IDEE
S. 2	Sammlung Jäger	S. 35	Sammlung Jäger
S. 5	IG Metall Baden-Württemberg	S. 36	Sammlung Jäger
S. 9	Archiv IGM BW	S. 37/all	Sammlung Jäger
S. 11	Collage aus Bildern der Sammlung Jäger	S. 38/all	Sammlung Jäger
S. 12	Collage aus Bildern der Sammlung Jäger	S. 39	Wikipedia CCL
S. 13	Landesarchiv Staatsarchiv Freiburg, T1 Blankenhorn Nr. 79b_0166	S. 40	AdsD 6/FOTA030948
		S. 41	Wikipedia CCL
S. 14/1	Sammlung Jäger	S. 42	Sammlung Jäger
S. 14/2	Stadtarchiv Karlsruhe StadtAK 8/BA Schmeiser 16390 (Adam Remmele)	S. 45	Stadtarchiv Heilbronn
		S. 46	Collage Wikipedia CCL / privat
S. 15	INFO & IDEE	S. 47/all	Stadtarchiv Reutlingen
S. 16	Sammlung Jäger	S. 48	Sammlung Jäger
S. 17	INFO & IDEE	S. 49/1	Archiv VVN Stuttgart
S. 18	INFO & IDEE	S 49/2	Archiv Stolpersteine Ludwigsburg
S. 19/1	Stadtarchiv Göppingen	S. 50	Landesarchiv Baden-Württemberg / Generallandesarchiv Karlsruhe N Remmele 702_12
S 19/2	Archiv IGM BW		
S. 20	Archiv IGM BW	S 51/all	Sammlung Jäger
S. 21	Stadtarchiv Waiblingen	S. 52	IG Metall Karlsruhe
S. 22	INFO & IDEE	S. 53	Collage Wikipedie CCL, Sammlung Jäger
S. 23	INFO & IDEE	S. 54/1	Sammlung Jäger
S. 24	Collage aus Archiv der sozialen Demokratie (AdsD) 6/FOTA038706 und Bosch-Archiv	S. 54/2	Archiv IGM BW
		S. 55	Archiv IGM BW
S. 25	Sammlung Jäger	S.56/1+3	Archiv IGM BW
S. 26/all	Sammlung Jäger	S. 56/2	Archiv VVN Stuttgart
S. 27/1	Sammlung Jäger	S. 57	Stadtarchiv Mannheim
S. 27/2	Daimler-Archiv	S. 58/all	Sammlung Jäger
S. 28	Collage aus Wikipediea CCL und privat	S. 59	Archiv IGM BW
S. 29	Daimler-Archiv	S. 61	IG Metall Aalen
S. 30	Collage aus Sammlung Jäger / privat	S. 66	Stadtarchiv Freiburg i. Br.
S. 31	Stadtarchiv Schwäbisch Hall	S. 67/all	Stadtarchiv Freiburg i. Br.
S. 32	INFO & IDEE	S. 68	Stadtarchiv Freiburg i. Br.
S. 33	INFO & IDEE		

BILDNACHWEISE

S. 72	Stadtarchiv Heidelberg	S. 111/all	Stadtarchiv Schramberg
S. 73	Stadtarchiv Heidelberg	S. 112	Stadtarchiv Schramberg
S. 75	Wikipedia CCL	S. 113	Stadtarchiv Schwäbisch Hall
S. 77	Stadtarchiv Heidenheim	S. 115	Stadtarchiv Schwäbisch Hall
S. 78/all	IG Metall Heidenheim	S. 116/all	Stadtarchiv Sindelfingen
S. 79/all	IG Metall Heidenheim	S. 117	Stadtarchiv Sindelfingen
S. 80	Sammlung Jäger	S. 121/1	Stadtarchiv Stuttgart
S. 81/all	Stadtarchiv Heilbronn	S. 121/2	privat
S. 82	Stadtarchiv Heilbronn	S. 122/1	Sammlung Jäger
S. 83	Stadtarchiv Heilbronn	S. 122/2	privat
S. 84	Wikipedia CCL	S 123	Stadtarchiv Stuttgart M28120_126
S. 85	Stolpersteine Karlsruhe	S. 124	Stadtarchiv Tübingen mit freundlicher Genehmigung Kleinfeldt, Tübingen (269/27)
S. 86	IG Metall Karlsruhe	S. 125/all	Stadtarchiv Tübingen
S. 90	Unternehmensarchiv Nestlé	S. 126	Sammlung Jäger
S. 91	Archiv der Wirtschaft Baden-Württemberg, Bestand Wüstenrot	S. 127/1	privat
S. 92	Archiv IGM BW	S. 127/2	Sammlung Jäger
S. 93	Stolpersteine Ludwigsburg	S. 128	Stadtarchiv Ulm
S. 94	Archiv VVN Stuttgart	S. 129/all	Stadtarchiv Ulm
S. 95	Stolpersteine Ludwigsburg	S. 130	Archiv DGB Ulm
S. 96/all	Stolpersteine Ludwigsburg	S. 131	privat
S. 97/1	Archiv IGM BW	S. 132	Sammlung Jäger
S. 97/2	Stadtarchiv Nürtingen	S. 133	Stadtarchiv Waiblingen
S. 98	Stadtarchiv Lörrach	S. 134	Archiv IGM BW
S. 100	Stadtarchiv Lörrach	S. 135	Stadtarchiv Worms
S. 103	Sammlung Jäger	S. 136	Stadtarchiv Worms
S. 105	INFO & IDEE	S. 138-141	Shutterstock
S. 106	Archiv DGB Reutlingen		
S. 107	Sammlung Jäger		
S. 108	Stadtarchiv Reutlingen		
S. 109	Archiv DGB Reutlingen		
S. 110	Stadtarchiv Schramberg		

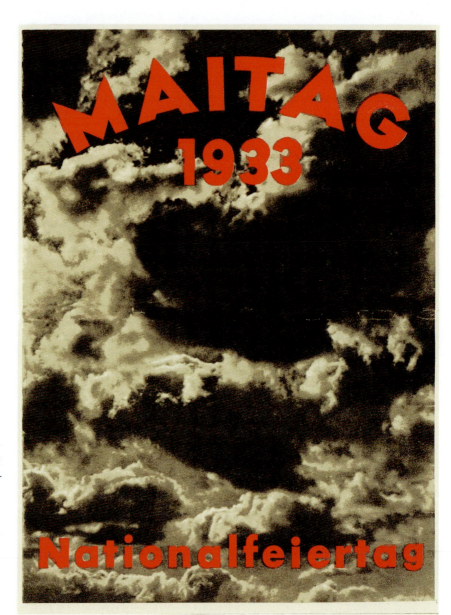

Deck- und Rückblatt der Broschüre, mit der 1933 der ADGB zum wohl problematischsten 1. Mai aller Zeiten aufrief – ob die Grafiker der Hoffnung des Verbands folgten, dass die Kooperation mit den neuen Herrschern Gutes bringe?